U0117755

图文中华史学

中国通史

政治史

吕思勉◎著

人民东方出版传媒
People's Oriental Publishing & Media
東方出版社
The Oriental Press

图书在版编目（CIP）数据

中国通史 / 吕思勉 著 . — 北京：东方出版社 ,2023.11
ISBN 978-7-5207-3270-3

Ⅰ . ①中… Ⅱ . ①吕… Ⅲ . ①中国历史 Ⅳ . ① K20

中国国家版本馆 CIP 数据核字 (2023) 第 105059 号

中国通史
（ZHONGGUO TONGSHI）

作　　者：吕思勉
责任编辑：王夕月　徐洪坤
出　　版：东方出版社
发　　行：人民东方出版传媒有限公司
地　　址：北京市东城区朝阳门内大街 166 号
邮　　编：100010
印　　刷：天津旭丰源印刷有限公司
版　　次：2023 年 11 月第 1 版
印　　次：2023 年 11 月第 1 次印刷
开　　本：650 毫米 × 920 毫米　1/16
印　　张：18
字　　数：200 千字
书　　号：ISBN 978-7-5207-3270-3
定　　价：88.00 元
发行电话：（010）85924663　85924644　85924641

版权所有，违者必究
如有印装质量问题，我社负责调换，请拨打电话：（010）85924602　85924603

总序

中国文化是一个大故事，是中国历史上的大故事，是人类文化史上的大故事。

谁要是从宏观上讲这个大故事，他会讲解中国文化的源远流长，讲解它的古老性和长度；他会讲解中国文化的不断再生性和高度创造性，讲解它的高度和深度；他更会讲解中国文化的多元性和包容性，讲解它的宽度和丰富性。

讲解中国文化大故事的方式，多种多样，有中国文化通史，也有分门别类的中国文化史。这一类的书很多，想必大家都看到过。

现在呈现给读者的这一大套书，叫作“图文中国文化系列丛书”。这套书的最大特点，是有文有图，图文并茂；既精心用优美的文字讲中国文化，又慧眼用精美图像、图画直观中国文化。两者相得益彰，相应生辉。静心阅览这套书，既是读书，又是欣赏绘画。欣赏来自海内外二百余家图书馆、博物馆和艺术馆的图像和图画。

“图文中国文化系列丛书”广泛涵盖了历史上中国文化的各个方面，共有十六个系列：图文古人生活、图文中华美学、图文古人游记、图文中华史学、图文古代名人、图文诸子百家、图文中国哲学、图文传统智慧、图文国学启蒙、图文古代兵书、图文中华医道、图文中华养生、图文古典小说、图文古典诗赋、图文笔记小品、图文评书传奇，全景式地展示中国文化之意境，中国文化之真境，中国文化之善境，中国文化之美境。

这是一套中国文化的大书，又是一套人人可以轻松阅读的经典。

期待爱好中国文化的读者，能从这套“图文中国文化系列丛书”中获得丰富的知识、深层的智慧和审美的愉悦。

王中江

2023 年 7 月 10 日

前言

现代史学大家吕思勉曾经著过两本中国通史，开中国现代白话文史学的源头，第一部为《白话本国史》，1923 年由商务印书馆出版；第二部为《吕著中国通史》，是上世纪 30 年代，上海成为“孤岛”时期，为满足当时大学教学的需求而编写的，后在 40 年代由开明书店出版。本次出版，编选自《吕著中国通史》，全书分为上下两册，上册系统地论述了中国历代的经济制度、政治制度和文化艺术的发展情况；下册梳理了政治历史的变革。

在编著《吕著中国通史》时，吕思勉先生说：“颇希望读了的人对于中国历史上重要文化现象，略有所知，因而知现状的所以然，对于前途可以预加推测，因而对于我们的行为可以有所启示。”结合当时的时代背景，作者不仅仅为大学教学，更是希望国人从历史的经验中，寻找到民族救亡的方法，颇有经世致用的意味。即使在今天，《吕著中国通史》仍然有很大的价值。

限于篇幅，本次出版在尊重原著的基础上进行了适当删减，重新订正，重点编选其政治史部分，力求从宏观上为读者把握中国历史发展的脉络。另外，通过大量图片以及图注，呈现没有编选的知识内容，以适应当下的阅读习惯。

目录

绪论

历史，究竟是怎样一种学问？研究了它，究竟有什么用处呢？

这个问题，在略知学问的人，都会毫不迟疑地作答道：历史是前车之鉴。什么叫作前车之鉴呢？他们又会毫不迟疑地回答道：昔人所为而得，我可以奉为模范；如其失策，便当设法避免，这就是所谓“法戒”。这话骤听似是，细想就知道不然。远者且勿论。欧人东来以后，我们应付他的方法，何尝不本于历史上的经验？其结果却是如何呢？然则历史是无用了么？不知往事，一意孤行的人，又未尝不败。

历史虽是记事之书，我们之所探求，则为理而非事。理是概括众事的，事则只是一事。天下事既没有两件真正相同的，执应付此事的方法，以应付彼事，自然要失败。然而理是因事而见的，舍事而求理，无有是处。所以我们求学，不能不顾事实，又不该死记事实。

要应付一件事情，必须明白它的性质。明白之后，应付之术，就不求而自得了。一个人，为什么会成为这样子的一个人？譬如久于官场的人，就有些官僚气；世代经商的人，就有些市侩气；向来读书的人，就有些迂腐气。难道他是生来如此的么？无疑，是数十年的做官、经商、读书养成的。然则一个国家，一个社会，亦是如此了。中国的社会，为什么不同于欧洲？欧洲的社会，为什么不同于日本？习焉不察，则不以为意，细加推考，自然知其原因极为深远复杂了。社会上每天所发生的事情，报纸所记载的，奚啻亿兆京垓分之一。一天的报纸业已不可遍览，何况积而至于十年、百年、千年、万年呢？

须知我们要知道一个人，并不要把他以往的事情，通统都知道了，记牢了。我，为什么成为这样一个我？反躬自省，总是容易明白的，又何尝能把自己以往的事，通统记牢呢？我们只要知道“使现社会成为现社会的事”就够了。然而这又难了。

这正是我们愚昧的原因，而史学之所求，亦即在此。史学之所求，不外乎：（一）搜求既往的事实；（二）加以解释；（三）用以说明现社会；（四）因以推测未来，而指示我们以进行的途径。

往昔的历史，是否能肩起这种任务呢？观于借鉴于历史以应付事实导致失败者之多，无疑的是不能的。其失败的原因安在呢？列举起来，也可以有多端，其中最重要的，自然是偏重于政治的。翻开《二十五史》来一看（从前都说《二十四史》，这是清朝时候，功令上所定为正史的。民国时代，柯劭忞所著的《新元史》，业经奉徐世昌总统令，加入正史之中，所以现在该称《二十五史》了），所记的，全是些战争攻伐，在庙堂上的人所发的政令，以及这些人的传记世系。昔人称《左传》为相斫书，近代的人称《二十四史》为帝王的家谱。说虽过当，也不能谓其全无理由了。单看了这些事，能明白社会的所以然么？从前的历史，为什么会有这种毛病呢？这是由于历史是文明时代之物，而在文明时代，国家已出现，并成为活动的中心，常人只从表面上看，就认为政治可以概括一切，至少是社会现象中最重要的一项了。其实政治只是表面上的事情。政治的活动，全靠社会做根底。社会，实在政治的背后，做了无数更广大更根本的事情。不明白社会，是断不能明白政治的。所以现在讲历史的人，都不但着重于政治，而要着重于文化。

何谓文化？向来狭义的解释，只指学术技艺而言，其为不当，自无待论。说得广的，又把一切人为的事，都包括于文化之中，然则动物何以没有文化呢？须知文化，正是人之所以异于动物的。凡动物，多能对外界的刺激而起反应，亦多能与外界相调适。然其与外界相调适，大抵出于本能，其力量极有限，而且永远不过如此。人则不然。人之所以能如此，（一）由其有特异的脑筋，能想出种种法子；（二）而其手和足全然分开，能制造种种工具，以遂行其计划；（三）又有语言以互相交通，而其扩大的即为文字。

然则文化，是因人有特异的禀赋、良好的交通工具，所成就的控制环境的共业。动物也有进化的，但它的进化，除非改变其机体，以求与外界相适应，才能达到其目的，自然非常迟慢。人则只须改变其所用的工具，和其对付事物的方法。

人类学上证明自冰期以后，人的体质，无大变化。可见人类的进化，全是文化进化。恒人每以文化状况，与民族能力，并为一谈，实在是一个重大的错误。

从理论上说，人的行为，也有许多来自机体，和动物无以异的，然亦无不披上文化的色彩。如饮食男女之事，即其最显明之例。所以在理论上，虽不能将人类一切行为都称为文化行为，在事实上，则人类一切行为无不与文化有关系。能了解文化，自然就能了解社会了。

全世界的文化，到底是一元的？还是多元的？这个问题，还非今日所能解决。因为目前分明放着多种不同的文化，有待于我们的个别研究。话虽如此说，研究一种文化的人，专埋头于这一种文化，而于其余的文化，概无所见，也是不对的。因为（一）个别的文化，其中仍有共同的原理存在；（二）而世界上各种文化，交流互织，彼此互有关系，也确是事实。文化本是人类控制环境的工具，环境不同，文化自因之而异。及其兴起以后，因其能改造环境之故，愈使环境不同。人类遂在更不相同的环境中进化。其文化，自然也更不相同了。文化有传播的性质，这是毫无疑义的。此其原理，实因人类生而有求善之性（智）与相爱之情（仁）。所以文化优的，常思推行其文化于文化相异之群，以冀改良其生活，共谋人类的幸福。而其劣的，亦恒欣然接受。这是世界上的文化交流互织的原因。而人类的本性，原是相同的。所以在相类的环境中，能有相类的文化。即使环境不同，亦只能改变其形式，而不能改变其原理。

试观我国，自古代林立的部族，进而为较大的国家；再进而为更大的国家；再进而臻于统一；更进而与域外交通，开疆拓土，同化异民族，无非受这原理的支配。转观外国的历史，亦系如此。今者世界大通，前此各别的文化，当合流而生一新文化，更是毫无疑义的了。然则一提起文化，就该是世界的文化，而世界各国的历史，亦将可融合为一。所以我们在今日，欲了解中国史，固非兼通外国史不行，而中国史亦自有其特殊研究的必要。

人类以往的社会，似乎是一动一静的。我们试看，任何一个社会，在以往，大都有个突飞猛进的时期。隔着一个时期，就停滞不进了。再阅若干时，又可以突飞猛进起来。这是什么理由？解释的人，说节奏是人生的定律。个人如此，社会亦然。只能在遇见困难时，奋起而图功，到认为满足时，就要停滞下来了。社会在这时期，就会本身无所发明；对于外来的，亦非消极地不肯接受，即积极地加以抗拒。世界是无一息不变的。人，因其感觉迟钝，或虽有感觉，而行为濡滞之故，非到外界变动，积微成著，使其感觉困难时，不肯加以理会，设法应付。正和我们住的屋子，非到除夕，不肯加以扫除，以致尘埃堆积，扫除时不得不大费其力一样。这是世界一治一乱的真原因。

倘使当其渐变之时，随时加以审察，加以修正，自然不至于此了。人之所以不能如此，昔时的人，都以为这是限于一动一静的定律，无可如何的。我则以为不然。这种说法，是由于把机体所生的现象，和超机现象，并为一谈，致有此误。就一个人而论，劳动之后，需要休息若干；少年好动，老年好静，都是无可如何之事。社会则不然。个体有老少之殊，而社会无之。个体活动之后，必继之以休息，社会则可以这一部分动，那一部分静。然则人因限于机体之故，对于外界，不能自强不息地为不断的应付，正可借社会的协力，以弥补其缺憾。然则从前感觉的迟钝，行为的濡滞，只是社会的病态（如因教育制度不良，致社会中人，不知远虑，不能预烛祸患；又如因阶级对立尖锐，致寄生阶级不顾大局的利害，不愿改革等，都只可说是社会的病态）。我们能矫正其病态，一治一乱的现象，自然可以不复存，而世界遂臻于郅治了。

马端临的《文献通考·序》，把历史上的事实分为两大类：一为理乱兴亡，一为典章经制。这种说法，颇可代表从前史学家的见解。一部《二十五史》，拆开来，所谓纪传，大部分是记载理乱兴亡一类的事实的，志则以记载典章经制为主。理乱兴亡一类的事实，是随时发生的，今天不能逆料明天。典章经制，则为人预设之以待将来的，其性质较为持久。所以前者可称为动的史实，后者可称为静的史实。史实确乎不外这两类，但限其范围于政治以内，则未免太狭了。须知文化的范围，广大无边。它综合有形无形的事物，不但限制人的行为，而且陶铸人的思想。在一种文化中的人，其所作所为，断不能出于这个文化模式以外，所以要讲文化史，非把昔时的史料，大加扩充不可。所以我现在，先就文化现象，分篇叙述，然后按时代加以综合。我这一部书，取材颇经拣择，说明亦力求显豁。颇希望读了的人，对于中国历史上重要的文化现象，略有所知，因而略知现状的所以然；对于前途，可以预加推测；因而对于我们的行为，可以有所启示。以我之浅学，而所希望者如此，自不免操豚蹄而祝篝车之诮，但总是我的一个希望罢了。

第一讲

中国民族的由来

社会是整个的；作起文化史来，分门别类，不过是我们分从各方面观察，要集合各方面，以说明一个社会的盛衰，即其循着曲线进化的。但是这件事很不容易。史事亡失的多了，我们现在，对于各方面，所知道的多很模糊，贸贸然据不完不备的材料，来说明一时代的盛衰，往往易流于武断。所以我这部书，变换一个方法，上册依文化的项目，把历代的情形，加以叙述，这一册依据时代，略述历代的盛衰。读者在读这一册时，对于历代的社会状况，就会略有所知，则涉及时措辞可以从略，不至有头绪纷繁之苦；而于历代盛衰的原因，亦更易于明了了。

叙述历代的盛衰，此即向来所谓政治史。中国从前的历史被人讥诮为帝王的家谱，为相斫书，都由其偏重这一方面之故。然而矫枉过正，以为这一方面无足重轻，也是不对的。现在的人民，正和生物在进化的中途需要外骨保护一样。一个国家之中，总包含着许多目的简单、有意用人力组成的团体，如实业团体、文化团体等。此等团体，和一个国家内性质相同的团体，是用不着分界限的，能合作固好，能合并则更好。世界上现在还有用强力压迫人家、掠夺人家的事情，我们没有组织，就要受到人家的压迫、掠夺，而浸至无以自存了。这是现今时代国家重要的原因。

世界上的人多着呢，为什么有些人能合组一个国家，有些人却要分作两国呢？这个原因，最重要的，就是民族的异同，而民族的根柢，则为文化。世界文化的发达，其无形的目的，总是向着大同之路走的，但非一蹴可几。未能至于大同之时，则文化相同的人民可以结为一体，通力合作，共御外侮；文化不相同的则不能然，此即民族国家形成的原理。

在现今世界上，非民族的国家固多，然总不甚稳固。其内部能平和相处，强大民族承认弱小民族自决权利的还好，其不然的，往往演成极激烈的争斗；而一民族强被分割的，亦必出死力以求其合，这是世界史上数见不鲜的事。所以民族国家，在现今，实在是一个最重要的组织。若干人民，其文化能互相融和而成为一个民族，一个民族而能建立一个强固的国家，都是很不容易的事。

中国是世界上最大的一个民族国家，这是无待于言的。一个大民族，总是融合许多小民族而成，其中亦必有一主体。为中国民族主体的，无疑是汉族了。汉族的由来，在从前是很少有人提及的。这是因为从前人地理知识的浅薄，不知道中国以外还有许多地方之故。至于记载邃古的时代，自然是没有的。后来虽然有了，然距邃古的时代业已很远，又为神话的外衣所蒙蔽。一个民族不能自知其最古的历史，正和一个人不能自知其极小时候的情形一样。直至最近，中国民族的由来，才有人加以考究，而其初还是西人，到后来，中国人才渐加注意。

从前最占势力的是“西来说”，即说中国民族，自西方高地而来。其中尤被人相信的，为中国民族来自黄河上源昆仑山之说。此所谓黄河上源，乃指今新疆的于阗河；所谓昆仑山，即指于阗河上源之山。这是因为：（一）中国的开化，起于黄河流域；（二）汉武帝时，汉使穷河源，说河源出于于阗。

昆仑山与西王母

吕思勉先生讲道：『即说中国民族，自西方高地而来。其中尤被人相信的，为中国民族来自黄河上源昆仑山之说。此所谓黄河上源，乃指今新疆的于阗河；所谓昆仑山，即指于阗河上源之山。』接着吕思勉先生又进一步分析与述说，先生提到的『昆仑山』，在中国神话系统里，是神话中象征着世界轴心和世外仙乡的处所，传说有城千里，玉楼十二。左侍玉女，右侍羽童。西王母居其中，其宫阙十分富丽壮观，有『阆风巅』『天墉城』『碧玉堂』『琼华宫』『紫翠丹房』『悬圃宫』『昆仑宫』，为真官仙灵之所宗。佛教传至中国后，产生昆仑山即为须弥山、阿耨达山（冈底斯山或葱岭）的说法。近代学者顾颉刚认为，其地理确实含有西北的实际背景，人物则是西北民族的想象力所构成。我们用组图的形式加以延伸说明。

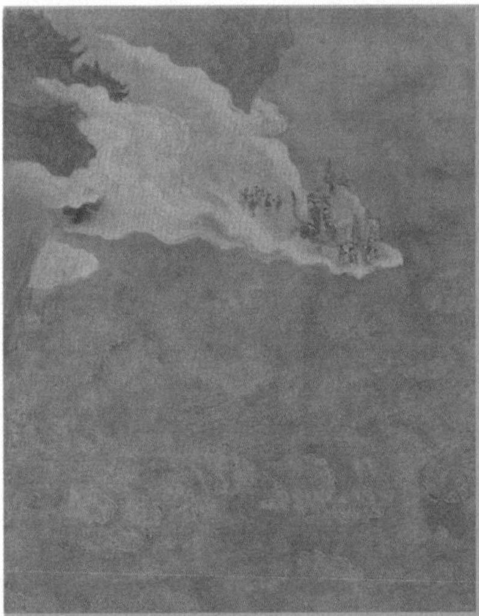

《瑶池高会图》（局部）

（宋）赵伯驹　收藏于中国台北『故宫博物院』

图中描绘的是周穆王八骏巡游，至瑶池会见西王母的故事。周穆王，又作周缪王，是《穆天子传》中的主角。《穆天子传》是先秦时代一部重要的古籍。书中记载周穆王喜好游历，曾西行至『飞鸟之所解羽』的昆仑山，观黄帝之宫。又设宴于瑶池，与西王母做歌相和。

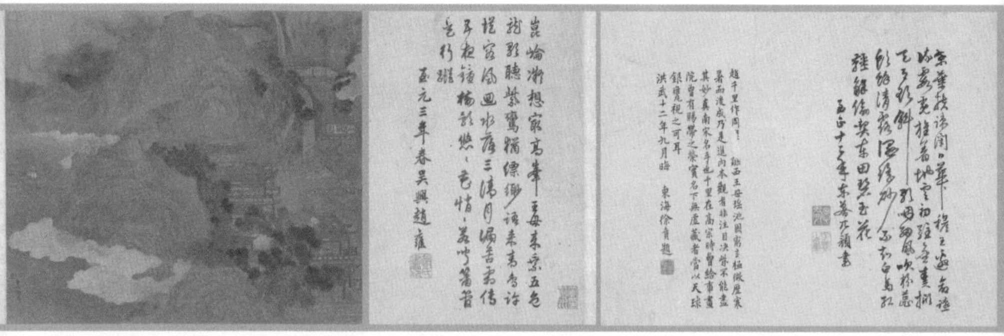

《周穆王与西王母瑶池宴会图》屏风　（清）佚名　收藏于韩国京畿道博物馆

西王母坐像　清代木雕　收藏于中国台北历史博物馆

《瑶池献寿图》（宋）刘松年　收藏于中国台北『故宫博物院』

图中描绘的是西王母与汉武帝的故事。在神话故事中，西王母拥有使人长生不死的能力。《穆天子传》记载，西王母曾为周天子谣曰：『将子无死』；《淮南子》又载：『羿请不死之药于西王母。』《汉武帝内传》中称西王母是容貌绝世的女神，赐给了汉武帝三千年结一次果的蟠桃。不死之药也由此具化成了蟠桃。此桃『大如鸭卵，形圆色青』，『桃味甘美，口有盈味』，『三千年一生实，中夏地薄，种之不生』，又称『王母桃』。

《西王母寿宴图》 缂丝 收藏于中国台北『故宫博物院』

▶《王母祝寿图》

（明）杜堇 收藏于美国印第安纳波利斯艺术博物馆

图中的『王母』指的就是西王母。由西王母演化而来的王母娘娘，传说其具赐福、赐子及化险消灾等神力，因此在民间信仰中地位很高，影响遍及整个中国。后世道教教徒在每年三月初三都会举行蟠桃盛会来庆祝王母娘娘的诞辰。值得一提的是，我们经常在民间故事和小说中看到，王母娘娘和玉皇大帝是一对夫妻，然而在正统道教神系中，西王母比玉皇大帝出现得要早，她由先天阴气凝聚而成，是所有女仙之首，掌管昆仑仙山。玉皇大帝则为群仙之首，众神之主，所以他们不可能是夫妻。后世有许多书籍将西王母与其相对的男仙之首，先天阳气凝聚而成的东王公『拉郎配』了。

《瑶池献寿》

（清）金廷标　收藏于中国台北『故宫博物院』

图中的仙女是西王母。那么居住在昆仑山上的西王母到底长什么样呢？在《山海经》中，西王母『其状如人，豹尾虎齿而善啸，蓬发戴胜，是司天之厉及五残』。《酉阳杂俎·诺皋记·上》称：『西王母姓杨，讳回，治昆仑西北隅，以丁丑日死。一曰婉妗。』与周穆王西征、汉武帝西巡等历史事件联系起来后，西王母的神话传说更具故事性，其中关于瑶池和蟠桃的故事广为流传，对后世文学影响很大。吴承恩的《西游记》中孙悟空大闹蟠桃会即为一例。

后人因汉代去古未远，相信武帝所案，必非无据之故。其实黄河上源，明明不出于阗。所以以汉族开化起于黄河流域，而疑其来自黄河上源，因此而信今新疆西南部的山为汉族发祥之地，根据实在很薄弱。

追求民族的起源，实当求于考古学，而不当求于历史。考古学在中国，是到最近才略见曙光的。其所发现的人类，最古的是 1903 年河北房山县周口店所发现的北京人。据考古学家的研究，其时约距今四十万年。其和中国人有无关系，殊不可知，不过因此而知东方亦是很古的人类起源之地罢了。

北京人头骨

收藏于瑞典哥德堡自然历史博物馆

1929年，北京周口店龙骨山洞穴中发掘出一块完整的头盖骨化石，后被命名为『北京人』。生活在距今约70万到20万年。此后，考古工作者在周口店遗址相继发现多种化石，为研究『北京人』提供了大量资料。

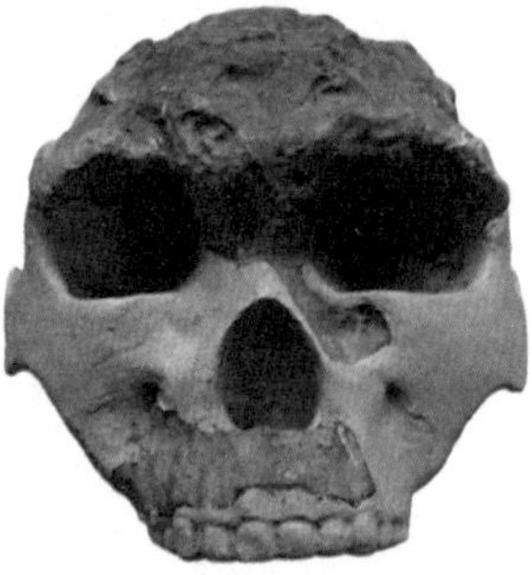

蓝田人头骨化石

1964年，陕西省蓝田县公王岭发现一中年女性头骨化石，被命名为『蓝田中国猿人』，简称『蓝田人』。生活在距今约70万年到115万年。研究表明，蓝田人已学会用简单的方法打制石器。

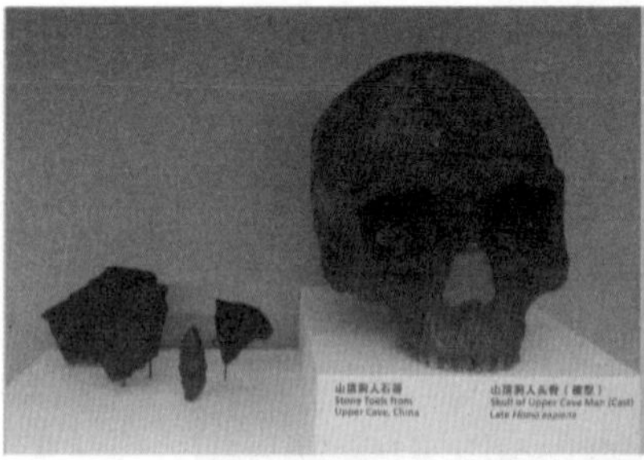

山顶洞人头骨化石模型和石器模型

收藏于上海自然博物馆

1930年，北京市周口店龙骨山顶部的山顶洞发现人骨化石，并因此被命名为『山顶洞人』。生活在距今约2.7万年左右至3.4万年之间。此时，山顶洞人的特征已与现代人相似，活动范围也扩大到了水域。

黑陶和彩陶

黑陶和彩陶都诞生于新石器时代，其中黑陶源自黄河流域，有“黑如漆、薄如纸”的美誉。而彩陶则源自渭河流域。吕思勉先生在书中举例了五类古代文化现象：1.“国君无故不杀牛，大夫无故不杀羊，士无故不杀犬豕”，而鱼鳖则为常食；2.衣服材料，以麻、丝为主，裁制极其宽博；3.古代的人民，是巢居或湖居的；4.其货币多用贝；5.在宗教上又颇敬畏龙蛇。由此推断中国文化起于东南沿海之处，认为黑陶代表中国的固有文化，彩陶则为西方文化东渐的。

其和历史时代可以连接的，则为民国十年（1921）辽宁锦西沙锅屯，河南渑池仰韶村，及十二三年甘肃临夏、宁定、民勤，青海贵德及青海沿岸所发现的彩色陶器，和俄属土耳其斯单所发现的酷似。考古家安特生因谓中国民族，实自中亚经新疆、甘肃而来。但彩陶起自巴比伦，事在公元前3500年；传至小亚细亚，约在公元前2500至前2000年；传至古希腊，则在公元前2000至前1000年。俄属土耳其斯单早有铜器，河南、甘肃、青海之初期则无之，其时必在公元2500年之前，何以传播能如是之速？制铜之术，又何以不与制陶并传？斯坦因在新疆考古，所得汉、唐遗物极多，而先秦之物，则绝无所得，可见中国文化在先秦世实尚未行于西北，安特生之说，似不足信了。

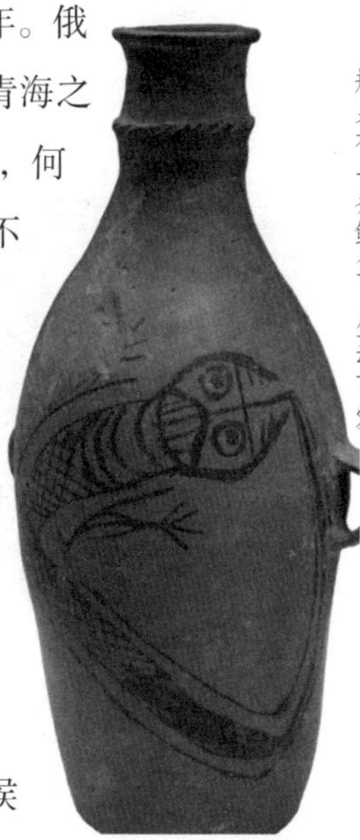

鲵鱼纹彩陶瓶　收藏于甘肃省博物馆

仰韶文化器物。瓶用细花红陶制成，腹部两侧有耳。瓶身有一条鲵鱼，生动可爱。

民国十九年（1930年）以后，山东历城的城子崖，滕县的安上村，都发现了黑色陶器。据民国十七年（1928年）以后中央研究院在河南所发掘，安阳的侯家庄，濬县的大赉店，兼有彩色、黑色两种陶器。而彩陶为西方文化东渐的，代表中国固有文化的，实为黑陶。

在古代，亚洲东方的民族，似可分为三系，而其处置头发的方法，恰可为其代表，这是一件极有趣味的事，即北族辫发、南族断发、中原冠带。《尔雅·释言》说："齐，中也。""齐"即今之"脐"字，本有"中央"之义。古代的民族，总是以自己所居之地为中心的，齐州为汉族发祥之地，可无疑义了。然则齐州究在何处呢？我们固不敢断言其即后来的齐国，然亦必与之相近。又《尔雅·释地》说"中有岱岳"，而泰山为古代祭天之处，亦必和我民族起源之地有关。文化的发展，总是起于大河下流的，埃及和小亚细亚即其明证。与其说中国文化起于黄河上流，不如说其起于黄河下流的切于事情了。

黑陶迷你三足把杯

收藏于『中央研究院』历史语言研究所

形状为圆体三足，腹部有单耳，并有弦纹，口缘向外张，体积甚小。

第二讲

中国史的年代

讲历史要知道年代，正和讲地理要知道经纬线一般。有了经纬线，才知道某一地方在地球面上的某一点，和其余的地方距离如何，关系如何。有了年代，才知道某一件事发生在悠远年代中的某一时，当时各方面的情形如何，和其前后诸事件的关系如何。不然，就毫无意义了。

正确的年代，原于（一）正确；（二）不断的记载。中国正确而又不断的记载，起于周朝厉、宣两王间的共和元年。虽然历史无完整的记载，历史学家仍有推求之法。那便是据断片的记载，涉及天地现象的，用历法推算。其中较为通行的，一为《汉书·律历志》所载刘歆之所推算，一为宋朝邵雍之所推算。然则我国历史上可知而不甚确实的年代，大约在四千年以上了。

自此以上，连断片的记录，也都没有，则只能据发掘所得，推测其大略，是为先史时期。人类学家把人类所用的工具，分别它进化的阶段，最早的为旧石器时期，次之为新石器时期，都在有史以前，更次之为青铜器时期，更次之为铁器时期，就在有史以后了。

旧石器时期 新石器时期 青铜器时期

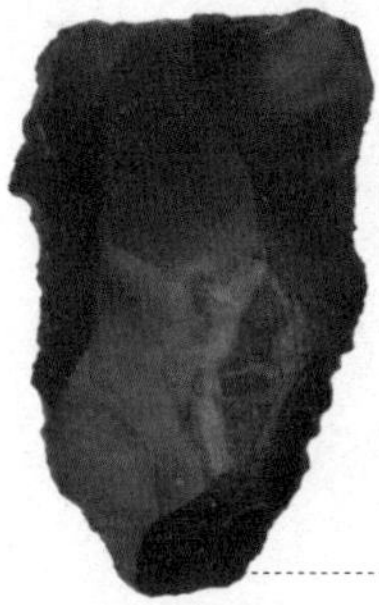

旧石器时代狩猎工具

收藏于美国纽约大都会艺术博物馆

旧石器时代在距今约300万年到距今一万多年的时间区段，这段时期的原始人类已经学会使用石器来获取资源。他们不仅用石头砸击动物和果核，还打制了特殊形状的石器，用来剥兽皮、加工皮革。

人头形器口彩陶瓶

收藏于甘肃博物馆

它的主体造型是一位五官端庄的少女，瓶身为葫芦形，有多子和孕育的寓意。新石器时代在距今约一万多年到距今6000多年的时间区段，这段时期的制陶技术快速发展，在河姆渡文化遗址、良渚文化遗址等地出土了大量精美的陶器。

商鸟盖青铜角

收藏于美国纽约大都会艺术博物馆

图中的青铜角是一种饮酒器，流行于夏商周时期。中国的青铜器时代大概在公元前4000年到公元初年，人类在加工石器的过程中发现了铜矿石，并运用制陶技术的经验，冶炼出了青铜器。青铜器的种类繁多，有食器、水器、乐器、兵器、礼器等，上面的花纹繁缛富丽，具有极高的艺术价值。

第三讲

古代的开化

中国俗说，最早的帝王是盘古氏。古书有的说他和天地开辟并生，有的说他死后身体变化而成日月、山河、草木等。这自然是附会之辞，不足为据。《后汉书·南蛮传》说：汉时长沙、武陵蛮的祖宗，唤作盘瓠，乃是帝喾高辛氏的畜狗。闽、浙的畲民，则奉盘瓠为始祖，其画像仍作狗形。有人说：盘古就是盘瓠，这话似乎很确。但是《后汉书》所记，只是长沙、武陵一支，而据古书所载，则盘古传说，分布之地极广，而且绝无为帝喾畜狗之说。

在盘古之后，习惯上认为很早的帝王，就是三皇、五帝。《风俗通》引《含文嘉》，以燧人、伏羲、神农为三皇，《史记·五帝本纪》以黄帝、颛顼、帝喾、尧、舜为五帝之说。

古代帝王的称号，有所谓德号及地号，德号是以其所做的事业为根据的，地号则以其所居之地为根据。传说中的帝王，较早而可考见社会进化迹象的，是有巢氏和燧人氏。有巢氏教民构木为巢，燧人氏教民钻木取火。稍后则为伏羲、神农。伏羲氏始画八卦，作结绳而为网罟，以佃以渔；神农氏斫木为耜，揉木为耒。

玄嚣 …… 蟜极 …… 帝喾 …… 帝尧

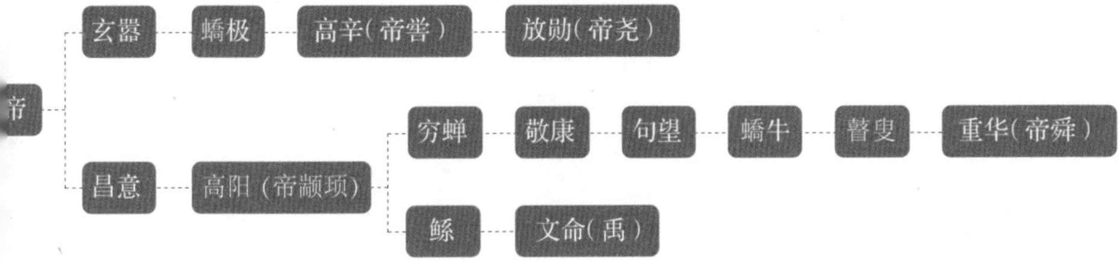

盘古氏　（宋）佚名

《述异记》云：『盘古氏，天地万物之祖也。』盘古是中国古代神话中的创世神，也是第一个人形之神。传说他是从混沌之中孕育而生，后用清浊二气撑开天地，身体化成日月星辰、山川河流等世间万物。《五运历年记》中详细描述道：『首生盘古，垂死化身：气成风云，声为雷霆，左眼为日，右眼为月，四肢、五体为四极、五岳，血液为江河，筋脉为地理，肌肉为田土，发髭为星辰，皮毛为草木，齿骨为金石，精髓为珠玉，汗流为雨，身之诸虫，因风所感，化为黎虻。』

这些都不过代表社会进化的一个阶段，究有其人与否，殊不可知。我们虽不能说在古代确有发明巢居、取火、佃渔、耕稼的帝王，却不能否认对于这些事业，有一个先进的部族。既然有这部族，其时、地就该设法推考了。然则伏羲、神农，都在今山东东南部，和第一讲所推测的汉族古代的根据地，是颇为相合的了。

三皇五帝在不同著作中有不同的说法，本书中三皇为燧人、伏羲、神农，出自《尚书大传》。五帝为黄帝、颛顼、帝喾、尧、舜，出自《史记·五帝本纪》。后人又增加了少昊。下面这组图选自《历代帝王圣贤名臣大儒遗像》，收藏于法国国家图书馆。

伏羲

伏羲的父亲是燧人氏，母亲是华胥。传说其母在雷泽游玩，路过一个巨大的脚印，她上前踩了一下便有了孕，生下了人头蛇身的伏羲。伏羲在研究动物背上的花纹时，参悟了天地万物的变化始为阴阳，由此画出了八卦图。

神农

神农因懂得用火，又是姜姓部落的首领，所以也被尊称为『炎帝』。相传他亲尝百草，记录其药性用来治病，所以又被奉为药王神。他领导部落人民种五谷、织麻为布、制作陶器等，推动了生产发展。

黄帝

黄帝又称轩辕氏、有熊氏，他的妻子嫘祖发明了养蚕。五帝之中的颛顼和帝喾都是黄帝的孙子。又因为炎帝和黄帝结盟形成华夏族，所以中华民族的后代被称为『炎黄子孙』。

帝尧

尧是帝喾之子，二十岁时，兄长帝挚将帝位禅让给了他。尧执政期间，派鲧治理水患，并且制定了历法。除此之外，尧还发明了造酒和围棋，与部落人民共同创造出了龙山文化。他被司马迁视为『最理想的君主』。

帝舜

尧去世后把帝位禅让给了舜，舜即位之后，虚怀纳谏，任用贤能，人民安居乐业。尧还将自己的两个女儿娥皇、女英嫁给舜，待舜去世后，二人抱竹痛哭，后投湘水而亡，被后世称为『湘夫人』。

少昊

少昊是黄帝和嫘祖之子。年少时娶了凤鸿氏女子为妻，后成为东夷部落的首领，掌管众多以鸟为名的部落，崇拜凤鸟图腾，因此凤凰又被誉为『百鸟之王』，为后世的龙凤文化奠定了基础。

神农亦称炎帝，炎帝之后为黄帝，黄帝之后是颛顼，颛顼之后是帝喾，这是五帝说的旧次序。后人于其间增一少昊，其中的材料，还是出于《史记·五帝本纪》说：黄帝正妃“嫘祖生二子，其后皆有天下。其一曰玄嚣，是为青阳，青阳降居江水”，此即后人指为少昊的；“其二曰昌意，降居若水，生高阳”，“高阳”即帝颛顼。

继颛顼之后的是尧，继尧之后的是舜，继舜之后的是禹。尧、舜、禹的相继，即所谓“禅让”，亦谓之“官天下”。尧、舜、禹的相继，乃王位而非君位，这正和蒙古自成吉思汗以后的汗位一样。自夏以后，变为父子相传，古人谓之“家天下”。

尧、舜、禹之间，似乎还有一件大事，那便是汉族的开始西迁。古书中屡次说颛顼、帝喾、尧、舜、禹和共工、三苗的争斗。《国语·周语》

说："共工欲壅防百川，堕高堙卑，鲧称遂共工之过，禹乃高高下下，疏川导滞。"似乎共工和鲧，治水都是失败的，至禹乃一变其法。然《礼记·祭法篇》说"共工氏之霸九州也，其子曰后土，能平九州"，则共工氏治水之功，实与禹不相上下。同一时代的人，知识大抵相类，堙塞和疏导之法，在一个小区域之内，大约共工、鲧、禹，都不免要并用的。但区域既小，无论堙塞，即疏导，亦决不能挽回水灾的大势，所以我疑心共工、鲧、禹，虽然相继施功，实未能把水患解决，到禹的时代，汉族的一支，便开始西迁了。

当时西边的地方，必较东边为瘠，所以非到水久治无功时，不肯迁徙。然既迁徙之后，因地瘠不能不多用人力，文明程度转而因此进步，而留居故土的部族，反落其后了。这就是自夏以后，西方的历史传者较详，而东方较为茫昧之故。然则夏代的西迁，确是古史上的一个转折，而夏朝亦确是古史上的一个界划了。

禹王治水

选自《帝王道统万年图》册（明）仇英　收藏于中国台北『故宫博物院』

吕思勉先生说：『大约当时东方的水患，是很烈的，而水利亦颇饶。因其水利颇饶，所以成为汉族发祥之地。因其水患很烈，所以共工、鲧、禹，相继施功而无可如何。』当时黄河水患严重，禹和父亲鲧曾一起治理了数年，鲧的『水来土挡』方针失败后，禹汲取了鲧失败的教训，改『堵』为『疏』，十三年后终于成功，也因此接受了舜的禅让。《史记·夏本纪》中记载禹『劳身焦思，居外十三年，过家门不敢入』。后世用『三过家门而不入』的典故来赞颂大禹舍小家为大家的精神。

第四讲

夏殷西周的事迹

夏代事迹，有传于后的，莫如太康失国、少康中兴之事。禹的儿子启，荒于音乐和饮食。死后，他的儿子太康兄弟五人，起而作乱，太康因此失国，人民和政权，都入于有穷后羿之手。羿因荒于游畋，又为其臣寒浞所杀。寒浞占据了羿的妻妾，生了两个儿子：一个唤作浇，一个唤作豷。夏朝这时候，依靠他同姓之国斟灌和斟寻。寒浞使浇把他们都灭掉，又灭掉夏后相。夏后相的皇后生了一个儿子，是为少康。寒浞听得他有才干，使浇去寻找他。少康逃到虞国。虞国的国君，把两个女儿嫁给他，又把唤作纶的地方封与他。有一个唤作靡的，当羿死时，逃到有鬲氏，把寒浞灭掉。少康灭掉了浇，少康的儿子杼又灭掉了豷。穷国就此灭亡。

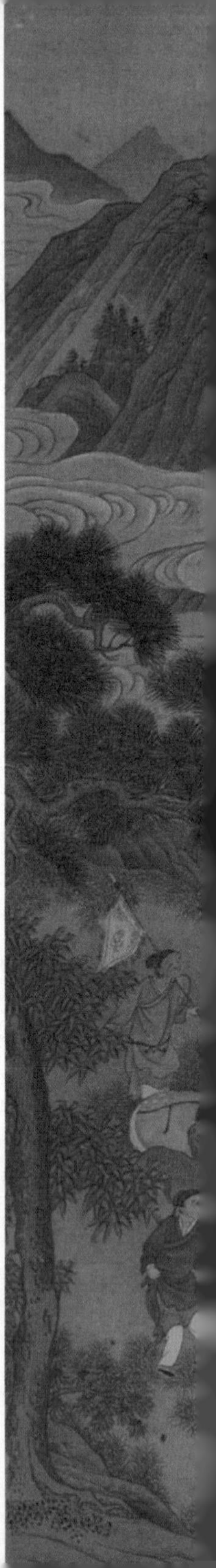

游畋失位

选自《帝鉴图说》法文外销画绘本（明）佚名 收藏于法国国家图书馆

夏朝第二位皇帝夏启的儿子太康即位之后，整天只知道饮酒作乐，沉溺声色。这幅图讲述的是太康外出狩猎数月，东夷部落的有穷氏首领后羿借机占领了夏都，获得了天下。这就是历史上著名的『太康失国』。

脯林酒池

选自《帝鉴图说》法文外销画绘本 （明）佚名 收藏于法国国家图书馆

夏朝的末代皇帝桀性格残暴，嗜酒好色，极度宠爱妃子妹喜。明张居正《帝鉴图说》下篇云：『殚百姓之财，为肉山脯林。酒池可运船，糟堤可以望十里，一鼓而牛饮者三千人。妹喜笑，以为乐。』说的是桀生活奢靡，宠幸妹喜等美女们。因为纵情享乐，不理朝政，民不聊生。

后来夏朝卒亡于商。商朝的始祖名契，封于商。商朝的都城，是屡次迁徙的。周朝的势力，却更深入西北部了。周朝的始祖名弃，是舜之时居稷官的，封于邰。历若干代，至不窋，失官，奔于戎狄之间。文王之子武王，遂灭纣。然武王虽胜纣，并未能把商朝灭掉，仍以纣地封其子武庚，而使其弟管叔、蔡叔监之。武王崩，子成王幼，武王弟周公摄政，管、蔡和武庚都叛。周公自己东征，平定了武庚和管叔、蔡叔，灭掉奄国。周公平定东方之后，而归政于成王。

解网施仁

选自《帝鉴图说》法文外销画绘本 （明）佚名
收藏于法国国家图书馆

据《史记·殷本记》载，商王汤有次外出时，在林中看到有人在东南西北四面张网捕鸟，汤于心不忍，便劝说农夫对禽兽也要有仁慈之心，只留下一面网足矣。诸侯听到这件事后，纷纷称颂商汤的仁慈宽厚。后来还演变为成语『网开一面』。

梦赉良弼

选自《帝鉴图说》法文外销画绘本 （明）佚名 收藏于法国国家图书馆

传说商高宗武丁在登基后的某天夜里，梦到了一位贤臣，那人称自己能帮武丁兴国安邦。于是武丁梦醒之后，连忙命人按照梦中之人的形象画出画像，并派使者举国寻觅，最后就找到了正在做苦役的傅说。《孟子》中的《生于忧患，死于安乐》一篇提到的『傅说举于版筑之间』，指的便是这件事。

革囊射天

选自《帝鉴图说》法文外销画绘本　（明）佚名　收藏于法国国家图书馆

《史记·殷本纪》中记载：『帝武乙无道，为人偶，谓之天神。与之搏，另人为行。天神不胜，乃僇辱之。为革囊，盛血，卬而射之，命曰「射天」，武乙猎于河渭之间，暴雷，武乙震死。』讲的是商王武乙把盛满血的皮囊挂在高处，然后射箭从皮囊下面穿过，他将此称为『射天』。其暴虐狂妄可见一斑。

妲己害政

选自《帝鉴图说》法文外销画绘本　（明）佚名　收藏于法国国家图书馆

商纣王是商朝最后一代君主，据载他宠爱妃子妲己。他不仅效仿桀建造酒池肉林，与妲己享乐，还发明了众多惨无人道的酷刑，画面的右边就是『炮烙之刑』。《列女传》释曰：『膏铜柱，下加之炭，令有罪者行焉，辄堕炭中，妲己笑，名曰炮烙之刑。』即在铜柱下方堆上炭火架，让犯人抱着柱向上爬，最后犯人会因耐受不了滚烫的铜柱，落入炭火被烧死。

成王和他的儿子康王之时，称为西周的盛世。康王的儿子昭王是伐楚而败，淹死在汉水里的。周朝对外的威力，开始受挫了。昭王子穆王，西征犬戎。穆王是周朝的雄主，在位颇久，当其时，周朝的声势是颇振起的。穆王死后，就无此盛况了。穆王五传至厉王，因暴虐，为国人所逐。厉王死于外，立其子宣王。宣王号称中兴，然其在位之三十九年，与姜氏之戎战于千畝，为其所败。至子幽王，遂为犬戎和南阳地方的申国所灭。幽王死后，其子平王迁居洛阳，号称东周，其事在公元前 770 年。

周文王像

选自《历代帝王圣贤名臣大儒遗像》册（清）佚名　收藏于法国国家图书馆

姬姓，名昌，原为商朝的西伯侯。姬昌心怀仁厚，不满商纣王的暴政。听闻纣王发明了惨无人道的炮烙之刑后，愿献上周国的一块土地，来换取纣王废除这个酷刑。除此之外，他还细心钻研卦爻之道，撰写了《周易》。

周武王像

选自《历代帝王圣贤名臣大儒遗像》册（清）佚名　收藏于法国国家图书馆

姬昌次子姬发。姬昌在伐纣过程中去世，姬发继承父志，联合众族在牧野与商朝军队决战，后商朝大败，纣王自焚于鹿台。于是姬发建立周王朝，追封父亲姬昌为文王。

八骏巡游

选自《帝鉴图说》法文外销画绘本　（明）佚名
收藏于法国国家图书馆

《穆天子传》记载，周穆王姬满曾在平凉得了八匹骏马，此后就经常出游寻乐。因向往修炼成仙的道术，所以驾马去昆仑山拜访女仙之首西王母。西王母热情地招待了他，并在昆仑瑶池设宴。唐代诗人李商隐著诗《瑶池》：『瑶池阿母绮窗开，黄竹歌声动地哀。八骏日行三万里，穆王何事不重来？』这首诗虚构了周穆王与西王母瑶池分别后，西王母盼望其归来的故事。

◀戏举烽火

选自《帝鉴图说》法文外销画绘本　（明）佚名　收藏于法国国家图书馆

《史记》中记载周幽王姬宫湦为了博爱妃褒姒一笑，便点燃烽火台，把诸侯骗来救驾。褒姒看到白跑一趟的诸侯，果然哈哈大笑。周幽王十分高兴，于是反复点燃烽火。诸侯遭戏弄，导致不相信烽火意味着有敌情，等戎狄真正攻打过来时，周幽王孤立无援，因此被杀。周幽王之子周平王东迁，开始了东周时期。

第五讲

春秋战国的竞争和秦国的统一

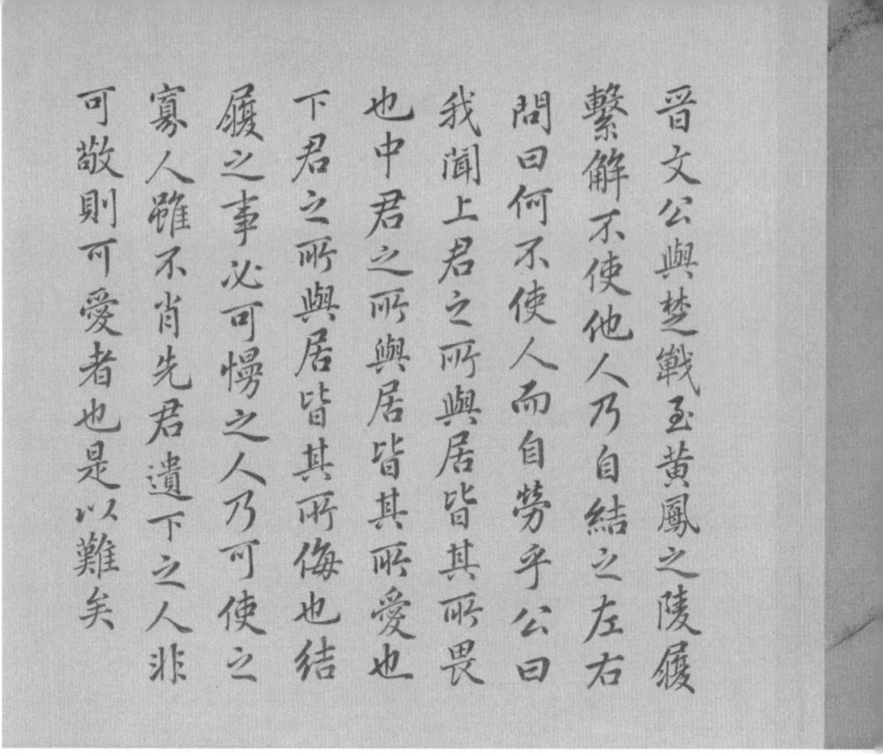

晋文公與楚戰至黄鳳之陵履
繫解不使他人乃自結之左右
問曰何不使人而自勞乎公曰
我聞上君之所與居皆其所畏
也中君之所與居皆其所愛也
下君之所與居皆其所侮也結
履之事必可愓之人乃可使之
寡人雖不肖先君遺下之人非
可敬則可愛者也是以難矣

当春秋时，大约吴、楚等国称雄的区域，原不在周朝所管辖的范围内，所以各自称王。春秋时代，大局的变迁，系于几个霸国手里，首起而称霸的是齐桓公。桓公死后，齐国内乱，霸业遽衰。宋襄公欲继之称霸，然宋国较小，实力不足，公元前 638 年，为楚人所败，襄公受伤而死，北方遂无霸主。公元前 632 年，晋文公败楚于城濮（今山东濮县），

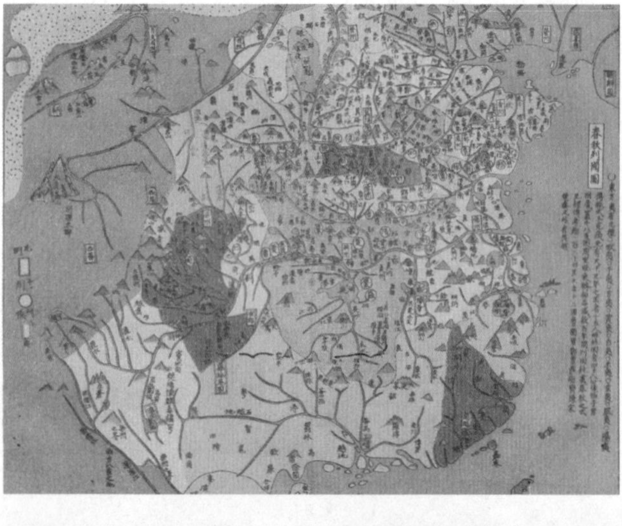

春秋列国图

选自《唐土历代州郡沿革图》［日］长赤水

自东周开始，周朝王室日渐衰落，诸侯国之间互相争霸。首先建立霸业的是齐桓公，随后宋襄公、晋文公、秦穆公、楚庄王、吴王阖闾、越王勾践也相继称霸。

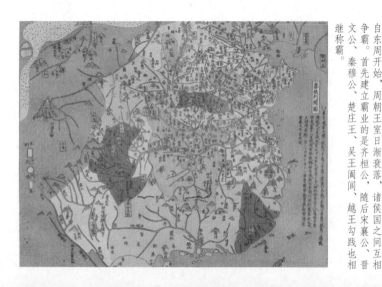

晋文公自结履系图（局部）

选自《养正图》册　（清）冷枚　收藏于北京故宫博物院

这幅图的典故出自《韩非子·外储说左下第三十三》，讲的是晋楚两国交战，晋军行至黄凤之陵时，晋文公的鞋带松了，于是自己俯身系上。旁边的侍从问他为何不命侍从来系，晋文公说不能把身边的人当作奴隶使唤。此举体现出晋文公对下属的爱和尊重。

楚国的声势才一挫。此时的秦国，亦已尽取西周旧地，东境至河，为西方一强国。公元前 624 年，秦穆公打败了晋国的兵，仅称霸于西戎。中原之地，遂成为晋、楚争霸之局。公元前 597 年，楚庄王败晋于邲（今河南郑县），称霸。公元前 591 年卒。此时齐顷公亦图与晋争霸。公元前 589 年，为晋所败。公元前 575 年，晋厉公又败楚于鄢陵（今河南鄢县）。公元前 561 年，楚国放弃争郑，晋悼公才称复霸。公元前 546 年，宋大夫向戌，善于晋、楚的执政，出而合二国之成，为弭兵之会，晋、楚的兵争，至此才告休息。后楚灵王强盛，北方诸侯多奔走往与其朝会。然灵王奢侈而好兵争，不顾民力，旋因内乱被弑。此时吴国日渐强盛，而楚国政治腐败，公元前 506 年，楚国的都城，为吴阖闾所破，楚昭王借秦援，仅得复国，楚国一时陷于不振，然越国亦渐强，起而乘吴之后。公元前 496 年，阖闾伐越，受伤而死。公元前 494 年，阖闾子夫差破越。夫差自此骄侈，北伐齐、鲁，与晋争长于黄池（今河南封丘县）。公元前 473 年，越勾践灭吴，越遂徙都琅邪，与齐、晋会于徐州（今山东诸城县），称为霸王。然根基因此不固，至公元前 333 年而为楚所灭。

《范蠡像》

（近代）张大千

春秋时期著名政治家。春秋末年，越王勾践被吴国打败。为了复国，范蠡决定对吴王夫差使用美人计，把越国一位叫西施的美女献给了吴王。从此吴王终日与西施享乐，不问政事。勾践借此时机卧薪尝胆，一雪前耻，灭了吴国。后范蠡退隐于宋国陶丘，号『陶朱公』。

此时已入于战国之世了。至战国时，（一）北方诸侯，亦不复将周天子放在眼里，而先后称王。（二）二三等国，已全然无足重轻，日益削弱，而终至于夷灭，诸一等国间，遂无复缓冲之国。（三）而其土地又日广，人民又日多，兵甲亦益盛，战争遂更烈。齐国的田氏，竟废其君而代之；势成分裂的，如晋之赵、韩、魏三家分晋而独立。边方诸国，发展的趋势，依旧进行不已，其成功较晚的为北燕。天下遂分为燕、齐、赵、韩、魏、秦、楚七国。六国都为秦所并，读史的人，往往以为一入战国，而秦即最强，这是错误了的。

战国七雄，韩、魏地都较小，又逼近秦，故其势遂紧急，燕、赵则较偏僻，国势最盛的，自然是齐、秦、楚三国。楚袭春秋以来的声势，似乎声光更在齐、秦之上，所以此时，齐、秦二国似乎是合力以谋楚的。然而楚怀王入秦的明年，齐人即合韩、魏以伐秦，败其兵于函谷；公元前 296 年，怀王死于秦，齐又合诸侯以攻秦。公元前 314 年，齐国乘燕内乱攻破燕国。宋王偃称强东方，公元前 286 年，又为齐、楚、魏所灭。此举名为三国瓜分，实亦是以齐为主的，地亦多入于齐。公元前 284 年，燕昭王遂合诸侯，用乐毅为将，攻破齐国，齐湣王走死。

肉袒负荆

选自《马骀画宝》之《历代名将画谱》

（民国）马骀

蔺相如和廉颇都是赵国的重臣，蔺相如因『渑池之会』立功而拜为上卿，这使身为武将的廉颇愤愤不平，还扬言要大加羞辱他。蔺相如知道后，就称病刻意躲避他。蔺相如的门客问其原因，蔺相如解释道：『现在秦国不敢攻打赵国，是因为有我和廉颇。若我二人争斗，对赵国不利。』廉颇知道后羞愧难当，便袒露上身，背着荆条，去找蔺相如谢罪。

马陵伏弩（局部）

选自《马骀画宝》之《历代名将画谱》（民国）马骀

公元前341年，齐威王以田忌为主将，孙膑为军师，率军攻打魏国。孙膑采用『减灶退敌』的方法，营造出齐军溃败的假象，诱使魏军统帅庞涓追击。随后孙膑利用地形，让人在马陵路边的树上写上『庞涓死于此树之下』，又命一万名弓箭手在附近埋伏，以火光为号。魏军赶到后，庞涓看到树上有字，就叫人点火照明查看，齐军收到了火光的信号，于是万箭齐发，大破魏军。

东方诸国中，赵武灵王颇有才略。他不与中原诸国争衡，而专心向边地开拓。先灭中山（今河北定县），又向今大同一带发展，意欲自此经河套之地去袭秦。公元前295年，又因内乱而死。七国遂惟秦独强。秦人遂对诸侯施以猛烈的攻击。公元前279年，秦白起伐楚。公元前260年，秦兵伐韩，取野王，上党路绝，降赵，秦大败赵兵于长平。遂取上党，北定太原。进围邯郸，为魏公子无忌合诸国之兵所败。公元前256年，周朝的末主赧王为秦所灭。公元前249年，又灭其所分封的东周君。公元前246年，秦始皇立。公元前230年，灭韩。公元前228年，灭赵。燕太子丹使荆轲刺秦王，不中，秦大发兵以攻燕。公元前226年，燕王喜奔辽东。公元前225年，灭魏。公元前223年，灭楚。公元前222年，发兵攻辽东，灭燕。公元前221年，即以灭燕之兵南灭齐，而天下遂统一。

荆轲像

选自《历代画像传》清刻本　（清）丁善长

战国末期卫国人。后游历到燕国投奔太子丹。当秦国准备攻打燕国时，太子丹派荆轲去刺杀秦王。荆轲假意投靠秦王，并献上秦国叛将樊於期的首级和燕督亢地图，秦王政十分高兴，在咸阳宫召见荆轲。在荆轲献上地图时，荆轲用藏在地图里的匕首刺杀秦王政，最后行刺失败，被侍卫所杀。

秦始皇像

（清）佚名

嬴姓，名政。因认为自己『德兼三皇，功过五帝』，所以取『三皇五帝』之字，自称『始皇帝』。执政期间，沿用商鞅的法家政策，加强君主专制，颁布了统一货币、文字、度量衡等一系列经济制度。在军事上，北击匈奴，南征百越，修筑长城抵御外敌。被明代思想家李贽誉为『千古一帝』。

秦朝的统一，绝不全是兵力的关系。我们须注意：此时交通的便利，列国内部的发达，小国的被夷灭，郡县的渐次设立，在政治上、经济上、文化上，本有趋于统一之势，而秦人特收其成功。

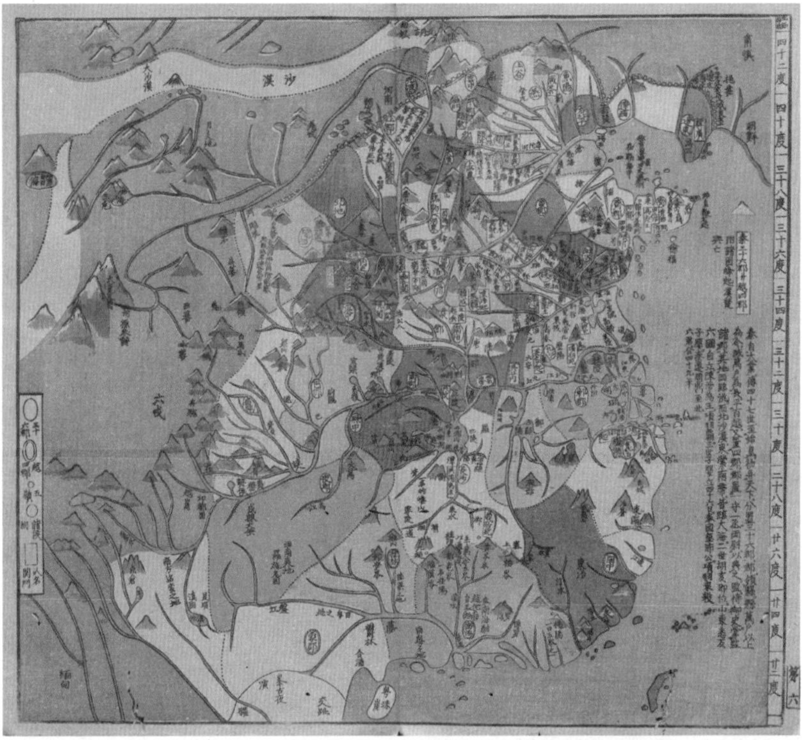

战国七雄地图

选自《唐土历代州郡沿革图》［日］长赤水

韩赵魏三家分晋后，逐渐形成了韩、赵、魏、齐、楚、燕、秦七国。最终秦始皇统一六国，建立了秦朝。吕思勉先生在书中分析道：『秦人所以能收成功之利，则（一）它地处西垂，开化较晚，风气较为诚朴。（二）三晋地狭人稠，秦地广人稀，秦人因招致三晋之民，使之任耕，而使自己之民任战。（三）又能奉行法家的政策，裁抑贵族的势力，使能尽力于农战的人民，有一个邀赏的机会，该是其最重要的原因。』

第六讲

古代对于异族的同化

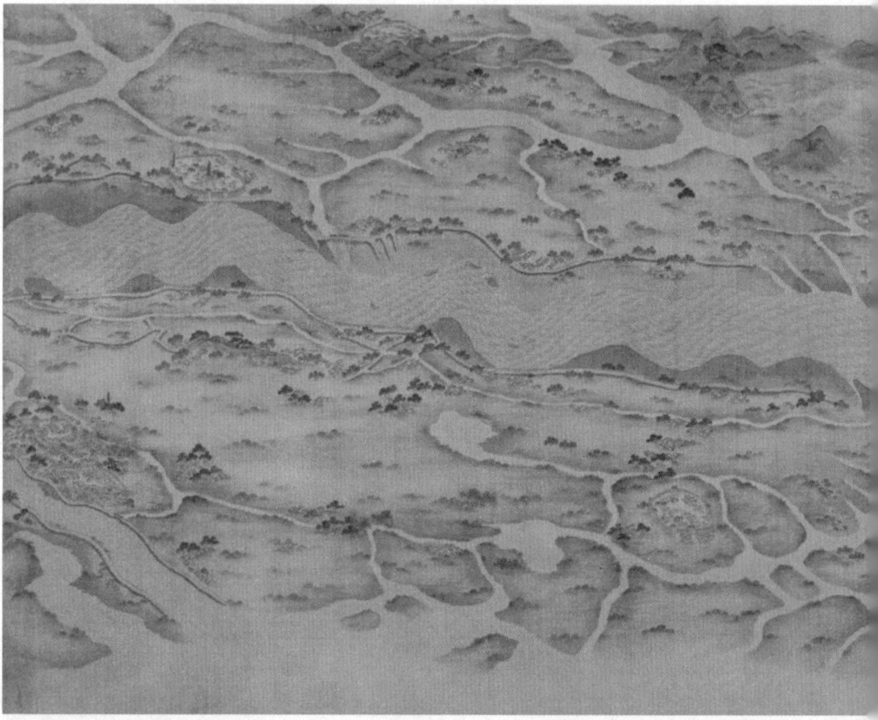

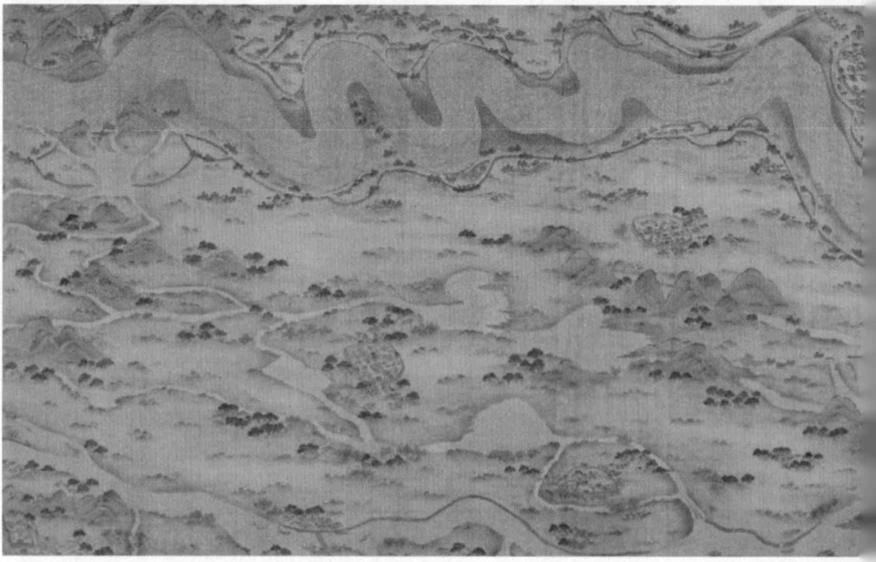

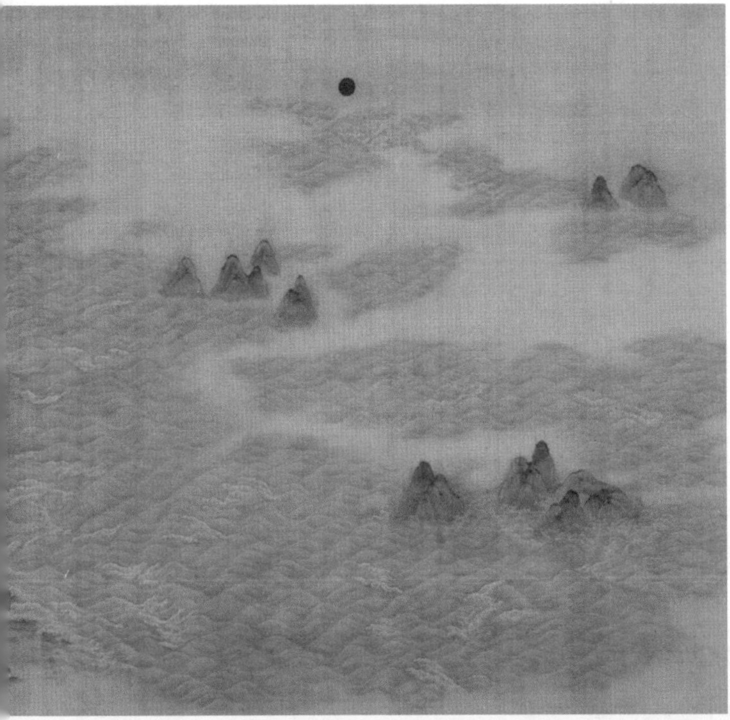

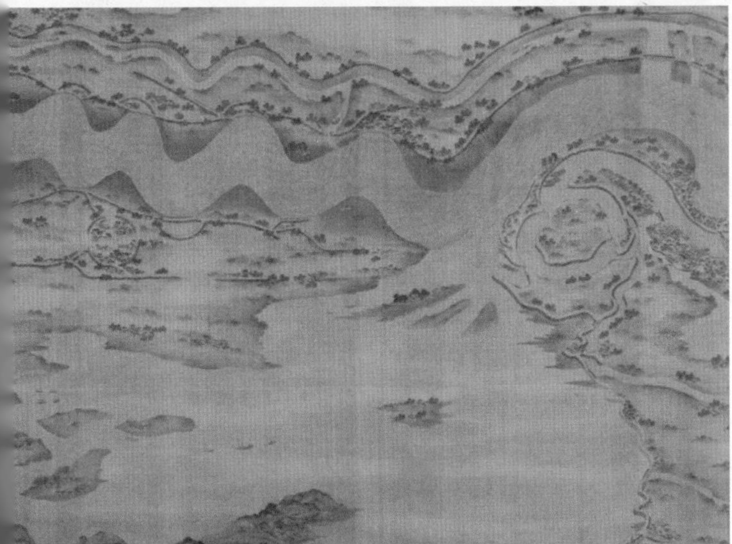

《清黄河图》（局部）

佚名　收藏于美国纽约大都会艺术博物馆

黄河是中华文明的发源地之一，下流的平原适宜居住，所以成为诸侯列国的争夺地。但黄河下游决口会引发洪涝灾害，给沿岸居住人民带来极大损失。上古时期有大禹治水，到了春秋战国时期，主要采用『疏通为主，围堵为辅』的治水方针。

亚洲的东部，在世界上，是自成一个文化区域的，以黄河、长江两流域为其文化的中心。其北为蒙古高原，便于游牧民族的住居。其南的粤江、闽江两流域，则地势崎岖，气候炎热，开化虽甚早，进步却较迟。黄河的下流，扩展为一大平原，地味腴沃，气候适宜，这便是中国民族的文化最初函毓之处。汉族，很早的就是个农耕民族，惯居于平地。其所遇见的民族，就其所居之地言之，可以分为两种：一种是住在山地的，古代称为“山戎”，多数似亦以农为业。一种是住在平地，以畜牧为业，古人称为“骑寇”。春秋以前，我族所遇的，以山戎为多，战国以后，才开始和骑寇接触。

夷、蛮、戎、狄，是按着方位分别之辞，并不能代表民族。在古代，和中国民族争斗较烈的，似乎是戎狄。犬戎在今陕西的中部，甘肃的东部，东周以后，逐渐为秦人所征服。在其东方的，初称狄，后分为赤狄、白狄。白狄在今陕西境内，向东蔓延到中山。赤狄在今山西、河北境内，大部为晋所并。在周朝西面的，主要是后世的氐、羌。氐人在今嘉陵江流域。羌人，汉时在今黄河、大通河流域（大通河，古湟水）。

曹沫持齐桓公

选自《武氏祠画像石》 收藏于哈佛燕京图书馆

齐桓公是春秋五霸之首，他在管仲的辅佐下不断扩张领土，近邻的鲁国就遭到攻打失去了土地。鲁国的将军曹沫在求和会议上挟持了齐桓公，最终要回了土地。此外，齐桓公在扩张领土时，还打出了『尊王攘夷』的口号，即一边尊崇周天子，一边抵御少数民族势力。

在东北方的民族，古称为貉。此族在后世，蔓衍于今朝鲜半岛之地，其文明程度是很高的。在后世，东北之族，还有肃慎，即今满洲人的祖宗。《国语·晋语》说：鲜卑本是南族，后来不知如何，也迁向东北了。据《后汉书》说：鲜卑和乌丸，都是东胡之后。东胡的风俗，虽少可考，然汉代历史，传者已较详，汉人说它是乌丸、鲜卑所自出。南族断发，鲜卑婚姻时尚先髡头，即其源出南族之证。

在南方的有黎族，此即后世所谓俚。古代长江流域之地，主要的是为黎族所占据。在沿海一带的，古称为越，亦作粤。此即现在的马来人，分布在亚洲大陆的沿岸和南洋群岛。此族有断发文身和食人两种风俗，在后世犹然，可知其为同族。吴、越的初期，都是和此族杂居的。

西南的大族为濮，此即现在的倮。此族从今湖北的西南境，向贵州、

《胡人饮酒图》

（南宋）陈居中

画面是两个穿着异域服饰的人在逗鸟，他们的衣着修身，袖子是窄口，下摆较短，便于骑马。战国时期的赵武灵王就深受此启发，进行了一次重大的服装改革。他命士兵脱去长袍大褂，改为窄袖短衫的胡服，开创了单骑作战的先河，史称『胡服骑射』。

云南分布。战国时，楚国的庄蹻，循牂牁江而上，直达滇国（今云南昆明县），就在滇国做了一个王。其地虽未正式收入中国的版图，亦已戴汉人为君了。

汉族和骑寇的接触，在太原、中山和战国时北燕之地开辟以后。做这件事业的，就是燕、赵两国。赵武灵王开辟云中、雁门、代郡，燕国则开辟上谷、渔阳、右北平、辽西、辽东五郡，把现在热、察、绥、辽宁四省，一举而收入版图。

综观以上所述，汉族恃其文化之高，把附近的民族，逐渐同化，而汉族的疆域，亦即随之拓展。当汉族开拓时，自然也有散向四方，即汉族的版图以外去的，然亦多少带了些中原的文化以俱去，这又是中国文化扩展的路径。

线刻射猎纹骨管（局部）
收藏于甘肃省博物馆
高7.6厘米，直径4.6厘米。骨管一端平齐，一端斜削，中空，表层薄而匀整，上面刻绘了一幅《武士挽弓射猎图》。其构图风格、线雕技法以及人物形象，都与华夏民族工艺不同，应该是来自异域。

第七讲

古代社会的综述

周和秦，是从前读史的人看作古今界线的。我们任意翻阅旧书，总可见到“三代以上”，“秦、汉以下”等辞句。然则所谓三代以上，到底是怎样一个世界呢？

人，总是要维持其生命的；不但要维持生命，还要追求幸福，以扩大其生命的意义。人类要维持生命，追求幸福，必得和自然斗争。和自然斗争，一个人的力量，自然是不够的，于是乎要合力；合力之道，必须分工，这都是自然的趋势。分工合力，自然是范围愈大，利益愈多，所以团体的范围，总是在日扩而大。但是人类的能力是有限的，在进行中，却不能不形成敌对的状态。皇古之世，因环境的限制，把人类分作许多小团体。在一个团体之中，个个人的利害，都是相同的，在团体以外却不然；又因物质的欲求，不能够都给足，团体和团体间就开始有争斗。有争斗就有胜败，有胜败就有征服者和被征服者之分。当其争斗之时，基于分工的关系，自然有一部分人，专以战争为事，这一部分人，自将处于特殊的地位。前此公众的事情，是由公众决定的，至此，则当权的一个人或少数人，渐渐不容公众过问，渐渐要做违背公众利益的措置，公众自然不服，乃不得不用强力镇压，或者用手段对付。于是团体之中有了阶级，而形成现代的所谓国家。

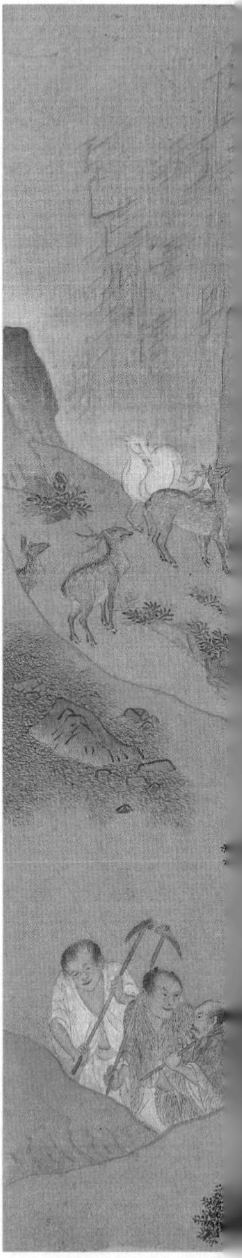

以上所述，是从政治上立论的。由于有些团体，迫于环境，以掠夺为生产的手段，所以其真正的根源，

神农氏

选自《帝王道统万年图》册　（明）仇英　收藏于中国台北「故宫博物院」

神农氏在亲尝百草后，确定了适合栽培的农作物，教授给部落人民播种五谷。此外，他还发明了农具——耒耜，促进了农业发展。图中描绘的便是神农氏带着童子在田野间尝百草，旁边还有许多扛着锄头的农民经过，表明当时已进入了农耕文明。

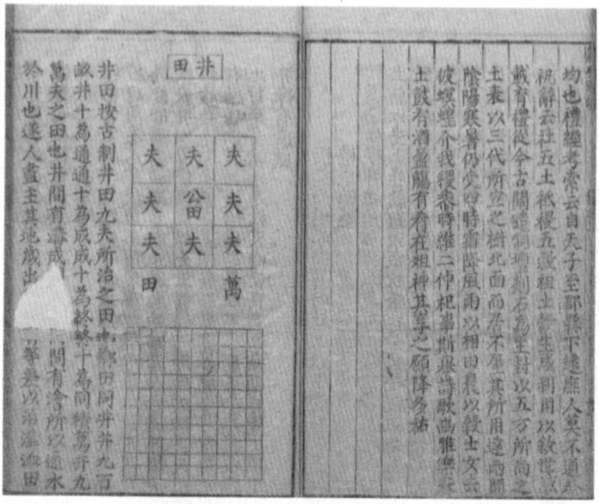

《农书》载井田制页

选自《农书》明刊本 （元）王祯

井田制出现于商朝，是土地国有的制度。它指的是把土地分割成方块，划分成形状像『井』字的九块。方块的长宽各为百步，这叫作一『田』，面积约为一百亩。一井分为九田，周围八块田为八户农民的私田，中间一块田为公田，八户共同耕种，收入则全归贵族所有。

还是在于经济上。经济的根柢是生产方法。在古代，主要的生业是农业。农业的生产方法，是由粗而趋于精，亦即由合而趋于分的。于是形成了井田制度，因而固定了五口、八口的小家族，使一个团体之中，再分为无数利害对立的小团体。从前在一个团体之内，利害即不再对立的氏族制度，因此而趋于崩溃了。氏族既已崩溃，则专门从事于制造，而以服务性质，无条件供给大众使用的工业制度，亦随之而崩溃。人因生活程度的增高，其不能不互相倚赖愈甚，分配之法既废，交易之法乃起而代之，本行于团体与团体之间的商业，乃一变而行于团体之内人与人之间，使人人的利害，都处于对立的地位。于是乎人心大变。

团体之内，其互相嫉视日深。在团体与团体之间，却因生活的互相倚赖而往来日密，即随之而日深，同情心亦随之而扩大。又因其彼此互相仿效，以及受了外部的影响，而内部的组织，不得不随之而起变化，各地方的风俗亦日趋于统一。民族的同化作用，即缘此而进行。政治上的统一，不过是顺着这种趋势推进。

随着世运的进展，井田制度破坏了。连公用的山泽，亦为私人所占。工商业愈活跃，其剥削消费者愈深。在上的君主和贵族，亦因其日趋于腐败、奢侈，而其剥削人民愈甚。习久于战争就养成一种特别阶级，视战斗为壮快、征服为荣誉的心理，认为与其出汗，毋宁出血。此即孔子和其余的先秦诸子所身逢的乱世。追想前一个时期，列国之间，战争还不十分剧烈。一国之内，虽然已有阶级的对立，然前此利害共同时的旧组织，还有存留，而未至于破坏净尽。再前一个时期，内部毫无矛盾，对外毫无竞争，则即所谓“大同”了。先秦诸子，如儒、墨、道、法诸家，就同抱着这个志愿的，但其所主张的改革方法，都不甚适合。

耕作图
选自《苏州市井商业图》册
（清）佚名　收藏于法国国家图书馆
图中的农民使用耕牛犁地、农具松土，还有专人送饭到田间。

在政治上，诸家虽都以民为重，却想不出一个使人民参与政治的办法，只希望在上者用温情主义来抚恤人民，尊重舆论，用督责手段，以制止臣下的虐民。在国与国之间，儒家希望有一个明王出来，能够处理列国间的纷争，而监督其内政；法家因为兴起较后，渐抱统一的思想，然秦朝的统一，和贵族的被裁抑，都只是事势的迁流，并不能实行法家的理想，所以要自此再进一步，就没有办法了。在伦理上，诸家所希望的，同是使下级服从上级，臣民该服从君主，儿子要服从父亲，妇女要服从男子，少年该服从老人。他们以为上级和下级的人，各安其分，各尽其职，则天下自然太平；而不知道上级的人受不到制裁，绝不会安其分而尽其职。

儒家创始人——孔子

选自《历代帝王圣贤名臣大儒遗像》（清）佚名

收藏于法国国家图书馆

孔子，名丘，字仲尼，春秋时期鲁国人。孔子倡导仁、义、礼、智、信，重视教育，开创了私人讲学之风，他的弟子多达3000，其中有72名杰出代表，被称为『孔门七十二贤』。孔子一生中周游列国十四年，不断传播儒家的思想，在他去世后，众弟子将孔子的言论和思想编撰为《论语》。孔子所创立的儒家，崇尚礼乐仁义，政治上主张仁政，从汉代起成为封建王朝的正统思想，孔子也因此备受后世尊崇。

道家创始人——老子

选自《历代帝王圣贤名臣大儒遗像》（清）佚名

收藏于法国国家图书馆

老子，姓李名耳，又名老聃。他是道家学派创始人，主张道法自然、大道无为，与庄子并称『老庄』。老子的传世作品《道德经》，其思想价值极高，包含哲学、经济、社会、美学等诸多学科，以及医药、养生、军事、建筑等领域，影响极其深远。

法家先驱——管仲

选自《古圣贤像传略》清刊本

（清）顾沅/辑录　（清）孔莲卿/绘

管仲，名夷吾，字仲。齐桓公元年，经鲍叔牙推荐，管仲担任齐国国相。为富国强兵，管仲提出了依法治国的思想，这同样也是法家的核心思想。管仲注重经济和政治改革，既建立了选拔人才制度，还改革了土地和人口制度。后人尊称他为『管子』，将其誉为『法家先驱』。

世运只有日新，人所知道的，最新亦只是今日以前之事，于是乎想出来的办法，总不免失之于旧。合众人的所谓最好者，而调和折中，造成一个大略为众所共认的偶像，此即昔人所谓三代以前的世界。

第八讲

秦朝治天下的政策

秦始皇尽灭六国，事在公元前221年，自此至公元189年，董卓行废立，东方州郡，起兵讨卓，海内扰乱分裂，共四百十年，称为中国的盛世。在这一时期之中，中国的历史，情形是怎样呢？“英雄造时势”，只是一句夸大的话。事实上，英雄之所以成为英雄，正因其能顺着时势进行之故。然则在这一个时期之内，时势的要求，是怎样呢？依我们所见到的，可以分为对内对外两方面：对内方面，在列国竞争之时，不能注全力于内治；即使注意到，亦只是局部的问题，而不能该括全体，只是一时的应付，而不能策划永久。统一之后，就不然了。阻碍之力既去，有志于治平的，就可以行其理想。对外方面，当时的人看了中国，已经是天下的一大部分了。未入版图的地方，较强悍的部落，虑其为中国之患，该有一个对策；较弱小的，虽然不足为患，然亦是平天下的一个遗憾，先知先觉的中国人，在力所能及的范围内，亦有其应尽的责任。所以在当日，我们所需要的是：（一）对内建立一个久安长治的规模。（二）对外把力所能及的地方，都收入中国版图之内，其未能的，则确立起一条防线来。秦始皇所行的，正顺着这种趋势。

统一度量衡——商鞅方升
收藏于上海博物馆
又名商鞅量，器壁的三面和底部均刻有铭文，标注了方升的容量单位、单位量值等。铭文上写的『大良造鞅』中的『鞅』字指的就是商鞅。

统一货币——秦半两

收藏于上海市银行博物馆

秦半两是秦统一后发行的货币。在战国半两钱的基础上加以改进，制作成『圆形方孔』的造型，重约8克。此后全国通行，结束了各国之间货币无法流通的杂乱状态。这种造型一直沿用到民国初期。

统一文字——秦绎山碑

《秦绎山碑》传闻是秦始皇东巡时，丞相李斯撰写并刻在碑石上的。碑石上的秦文是在大篆的基础上发展而来的字体，后人称之为『小篆』。图为南唐徐铉的临摹本。

在古代，阻碍平天下最大的力量，自然是列国的纷争。所以秦并吞六国之后，决计不再行封建。六国新灭，遗民未曾心服，自然有在各地方设立据点的必要。所以秦灭六国，多以其地设郡。至六国尽灭之后，则更合全国的情形，加以调整，分天下为三十六郡。当时的郡守，就是一个不世袭的大国之君，自亦有防其专擅的必要，所以每郡又都派一个御史去监察他。

要人民不能反抗，第一步办法，自然是解除其武装。于是收天下之兵，聚之咸阳，铸以为金人和钟、镓。最根本的，莫过于统一人民的心思了。原来古代社会，内部没有矛盾，在下者的意见，常和在上者一致。后世阶级分化，内部的矛盾多了，自然人民的意见，不能统一。处置之法，最好的，是使其利害相一致；次之则当求各方面的协调，使其都有发表意见的机会，此即今日社会主义和民主政治的原理。但当时的人，不知此理。他们不知道各方面的利害冲突了，所以有不同的见解，误以为许多方面，各有其不同的主张，以致人各有心，代表全国公益的在上者的政策，不能顺利进行。如此，自有统一全国人心思的必要。所以在《管子·法禁》《韩非子·问辨》两篇中，早有焚书的主张。秦始皇及李斯就把它实行了。把关涉到社会、政治问题的“诗、书、百家语”都烧掉，只留下关系技术作用的医药、卜筮、种树之书。涉及社会、政治问题的，所许学的，只有当代的法令；有权教授的人，即是当时的官吏。若认为始皇、李斯此举，不合时代潮流，他们是百口无以自解的，若认为有背于古，则实在冤枉。他们所想回复的，正是古代“政教合一，官师不分”之旧。

焚书坑儒

选自《帝鉴图说》法文外销画绘本

（明）佚名

收藏于法国国家图书馆

秦始皇的「焚书」主要针对的是「诗、书、百家语」，而医学、农牧等书则保留，其目的就是为了统一各国思想。还有一说「坑儒」，秦始皇三十五年，以儒生是古非今，于咸阳坑杀儒生460余人，史称「坑儒」。

以上是秦始皇对内的政策。至于对外，则北自阴山以南，南自五岭以南至海，秦始皇都认为应当收入版图。于是使蒙恬北逐匈奴，取河南之地（今之河套），把战国时秦、赵、燕三国北边的长城连接起来，东起现在朝鲜境内，西至现在甘肃的岷县，成立了一道新防线。南则略取现在广东、广西和越南之地，设立了桂林、南海、象三郡。

秦始皇，向来都说他是暴君，把他的好处一笔抹杀了，其实这是冤枉的。看以上所述，他的政治实在是抱有一种伟大的理想的。这亦非他一人所能为，大约是法家所定的政策，这只要看他用李斯为宰相，言听计从，焚诗书、废封建之议，都出于李斯而可知。政治是不能专凭理想，

而是要顾及实际情形的，亦还要顾到行之之手腕。秦始皇的政策虽好，行之却似过于急进。北筑长城，南收两越，除当时的征战外，还要发兵戍守；既然有兵戍守，就得运粮饷去供给。这样，人民业已不堪赋役的负担。他还沿着战国以前的旧习惯，虐民以自奉。造阿房宫，在骊山起坟茔，都穷极奢侈；还要到处去巡游。统一虽然是势所必至，然而人的见解，总是落后的，在当时的人，怕并不认为合理之举，甚而至于认为反常之态。况且不必论理，六国夷灭，总有一班失其地位的人，心上是不服的，满怀着报仇的愤恨和复旧的希望。加以大多数人民的困于无告而易于煽动，一有机会，就要乘机而起了。

《阿房宫图》卷（局部）

（宋）赵伯驹　收藏于美国纽约大都会艺术博物馆

阿房宫是秦朝修建的朝宫，被誉为『天下第一宫』。唐朝文学家杜牧笔下的《阿房宫赋》描写了阿房宫恢宏壮观的景象：『二川溶溶，流入宫墙。五步一楼，十步一阁；廊腰缦回，檐牙高啄。』不过据考究，阿房宫最终只建成了前殿地基。

兵马俑

位于陕西省西安市临潼区，是古代墓葬雕塑的一个类别，被列入《世界遗产名录》，被誉为『世界第八大奇迹』。兵马俑的外貌、表情、兵种、装备、动作各不相同，具有鲜明的个性和强烈的时代特征。

军吏

甲胄武士

骏马

将军

软帽武士

圆髻武士

第九讲

秦汉间封建政体的反动

秦始皇帝以前210年，东巡死于沙丘。他的大儿子，名唤扶苏，先已谪罚到上郡去（今陕西绥德县），做蒙恬军队中的监军了。从前政治上的惯例，太子是不出京城，不做军中事务的，苟其如此，就是表示不立他的意思。所以秦始皇不立扶苏，是预定了的。《史记》说秦始皇的少子胡亥，宠幸宦者赵高，始皇死后，赵高替胡亥运动李斯，假造诏书，杀掉扶苏、蒙恬而立胡亥，这话是不足信的。（《史记·李斯列传》所载的全是当时的传说，并非事实。秦汉间的史实，如此者甚多。）胡亥既立，是为二世皇帝。他诛戮群公子，又杀掉蒙恬的兄弟蒙毅。最后，连劳苦功高、资格很老的李斯都被杀掉。于是秦朝的政府，失其重心，再不能钳制天下了。

秦始皇死的明年，戍卒陈胜、吴广起兵于蕲（今安徽宿县），北取陈。胜自立为王，号张楚。六国之后，遂乘机并起。秦朝政治虽乱，兵力尚强；诸侯之兵，多是乌合之众；加以心力不齐，不肯互相救援；所以秦将章邯，倒也所向无敌。先镇压了陈胜、吴广，又打死了新立的魏王。战国时楚国的名将，即最后支持楚国而战死的项燕的儿子项梁，和其兄子项籍，起兵于吴，引兵渡江而西。以范增的游说，立楚怀王的后裔于盱眙（今安徽盱眙县），仍称为楚怀王。项梁引兵而北，兵锋颇锐，连战皆胜，后亦为章邯所袭杀。章邯以为楚地兵不足忧，乃北围赵王于巨鹿（今河北平乡县）。项梁既死，楚怀王分遣项籍北救赵，起兵于沛的刘邦即汉高祖西入关。项籍大破秦兵于巨鹿。汉高祖亦自武关而入。此时赵高弑二世，立其兄子婴，婴又刺杀高，正当纷乱之际，汉高祖的兵已到霸上（今陕西长安县东），子婴只得投降，秦朝就此灭亡。此事在公元前206年。

项羽像

选自《历代帝王圣贤名臣大儒遗像》册 （清）佚名 收藏于法国国家图书馆

项羽，名籍，字羽，号称西楚霸王。李晚芳评价『羽之神勇，千古无二』。在『楚汉之争』失败后，项羽自刎于乌江。项羽死后，楚地都归降了汉，只有项羽原来的封邑鲁地不肯投降，最终还是刘邦拿着项羽的头颅才使鲁地降汉。后世的宋代词人李清照有感于项羽自刎的悲壮，作诗：『生当作人杰，死亦为鬼雄。至今思项羽，不肯过江东。』

项籍既破章邯之后，亦引兵西入关。汉高祖先已入关了，即遣将守关。项籍怒，把他攻破。进兵至鸿门（今陕西临潼县），和高祖几乎开战。幸而有人居间调解，战事得以未成。此时即议定了分封之事。其所封的：为（一）六国之后；（二）亡秦有功之人；（三）而楚怀王则以空名尊为义帝；（四）实权则在称为西楚霸王的项籍。

刘邦像

选自《历代帝王圣贤名臣大儒遗像》册 （清）佚名 收藏于法国国家图书馆

刘邦，汉朝开国皇帝。秦末时期，陈胜、吴广起义，刘邦号召3000人响应，后率军进取咸阳，以『关中王』自居。『鸿门宴』事件后，刘邦受封为汉王。在项籍兵败自刎后，宣告刘邦在楚汉大战中获胜，于是刘邦统一了天下，建立了西汉。

分封甫定，而叛乱即起于东方。项籍因为是霸王，有征讨的责任，用兵于齐。汉高祖乘机北定关中。又出关，合诸侯之兵，攻破彭城。项籍虽然还兵把他打败，然汉高祖坚守荥阳、成皋，得萧何镇守关中，继续供给兵员和粮饷。遣韩信渡河，北定赵、代，东破齐。彭越又直接扰乱项籍的后方。至公元前202年，项籍遂因兵少食尽，为汉所灭。

虞姬像

选自《晚笑堂竹庄画传》清刊本 （清）上官周

虞姬，项羽的爱姬。后世的『虞美人』词牌名也由其而来。当时项籍被汉军困在垓下时，闻得四面楚歌，自知大势已去，于是在营中与虞姬饮酒悲歌道：『力拔山兮气盖世，时不利兮骓不逝，骓不逝兮可奈何，虞兮虞兮奈若何？』虞姬也怆然泪下，拔剑起舞和之：『汉兵已略地，四方楚歌声；大王意气尽，贱妾何聊生。』歌声过后，虞姬就自刎而死了。

当楚、汉相持之时，有一策士，名唤蒯彻，曾劝韩信以三分天下之计。汉高祖最后攻击项籍时，和韩信、彭越相约合力，而信、越的兵都不会，到后来，约定把齐地尽给韩信，梁地尽给彭越，二人才都引兵而来。这不是以君的资格分封其臣，乃是以对等的资格立分地之约。所以汉高祖的灭楚，是许多诸侯，亦即许多支新崛起的军队，联合以灭楚，汉高祖不过是联军中的首领罢了。楚既灭，这联军中的首领，自然有享受一个较众为尊的名号的资格，于是共尊汉高祖为皇帝。然虽有此称号，在实际上，未必含有沿袭秦朝皇帝职权的意义。做了皇帝之后，就可以任意诛灭废置诸王侯，怕是当时的人所不能想象的，这是韩信等在当时肯尊汉高祖为皇帝之故。不然，怕就没有这么容易了。

韩信乞食漂母

选自《人物》册页 （明）郭诩 收藏于上海博物馆

韩信是西汉的开国元老，杰出的军事家。韩信年少时，父母就去世了，所以生活十分贫苦，经常挨饿。淮水边有一位漂洗丝絮的老奶奶见韩信可怜，就每天把自己的饭分给他一半。韩信功成名就后，便以千金相赠漂母，以报答她的恩情。

萧何像 ［日］佚名

西汉开国功臣，史称『萧相国』。对韩信有知遇之恩，刘邦因萧何的保荐，韩信才得以重用成为大将军。但后来韩信因功高盖主，被刘邦忌惮，也是萧何出谋划策杀死了韩信。后世将这两件事引申为：『成也萧何，败也萧何』，来比喻事情的好坏或成败都由同一人造成的。

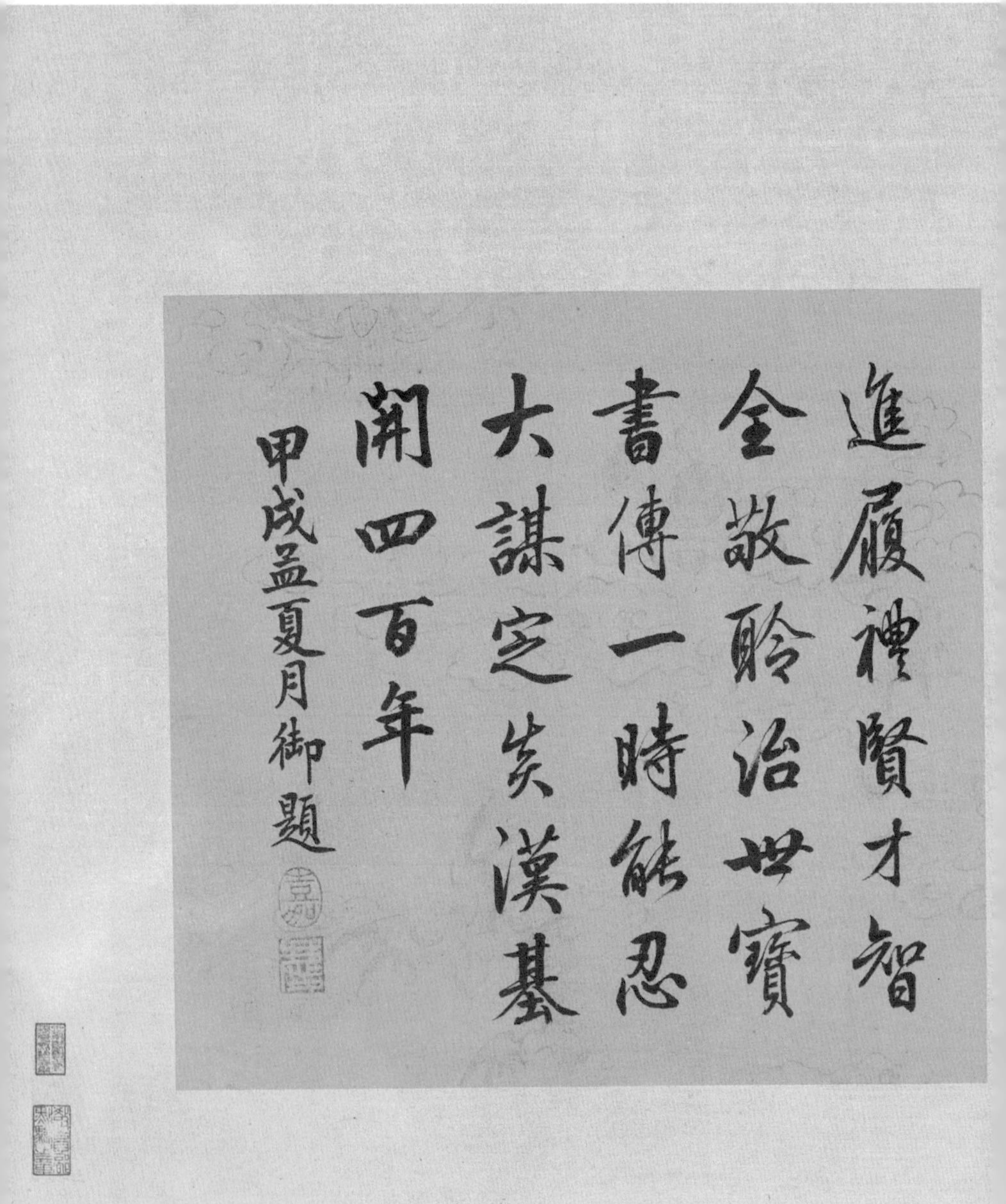
進履禮賢才智
全敬聆治世寶
書傳一時能忍
大謀定笑漢基
開四百年
甲戌孟夏月御題

李在畫圯上授書

《圯上授书》

（明）李在　收藏于中国台北『故宫博物院』

画面描绘的是隐居下邳的名士黄石公传授张良兵法的故事。相传有一天，张良正在桥上散步，忽然遇到一位老人故意将鞋丢到了桥下，并命张良给他捡回来。张良强压怒火拾起，并帮老人穿上。谁知老人非但没有道谢，反而让张良在五天后的凌晨再次相见。五天过后，张良去桥上赴约，谁知老人故意提前到达，并斥责张良不守时，让他五天后再来。结果第二次张良还是晚来了一步，于是第三次的时候，张良索性半夜就来到了桥上等候。老人看到张良经受住了考验，于是将《太公兵法》送给了他。张良日夜研习，终于成为足智多谋的谋士，助刘邦夺得了天下。

汉初异姓之王，有楚王韩信、梁王彭越、赵王张敖、韩王信、淮南王英布、燕王臧荼、长沙王吴芮。不数年间，韩信、彭越都以汉朝的诡谋被灭。张敖以罪见废。韩王信、英布、臧荼，都以反而败。到公元前195年汉高祖死时，只剩得一个地小而且偏僻的长沙国了。天下至此，才真正可以算是姓刘的天下。其成功之速，可以说和汉高祖的灭楚，同是一个奇迹。

以一个政府之力统治全国，秦始皇是有此魄力的，或亦可以说是有此公心，替天下废除封建，汉高祖却无有了。既猜忌异姓，就要大封同姓以自辅，于是同姓诸国次第建立。其中尤以高祖的长子齐王肥为当时所重视。宗法社会中，所信任的，不是同姓，便是外戚。汉高祖的皇后吕氏是很有能力的。她的哥哥吕泽和吕释之，都跟随高祖带兵；妹夫樊哙，尤其是功臣中的佼佼者。所以在当时，亦自成为一种势力。高祖频年在外，京城里的事情，把持着的便是她，韩信、彭越都死在她的手里。所以高祖死后，嗣子惠帝，虽然懦弱，倒也安安稳稳地做了七年皇帝。惠帝死后，嗣子少帝，又做了四年，后为吕后所废而立其弟。吕后临朝称制。又四年而死。丞相陈平、太尉周勃等反对吕氏，迎立了代王恒，是为文帝。

汉文帝像

选自《历代帝王圣贤名臣大儒遗像》（清）佚名 收藏于法国国家图书馆

汉高祖刘邦第四子，西汉的第五位皇帝。即位之后，躬行节俭，轻徭薄赋，国家发展繁荣。在刑法上，废除了连坐法和肉刑；对待匈奴，则采用和亲止战的方式，人民就此安居乐业。不仅如此，他还以仁孝之名闻于天下，在母亲薄太后卧病期间，他常常陪伴身边，目不交睫，衣不解带，就连母亲服用的汤药都得亲自尝过才放心。《二十四孝》中的『亲尝汤药』指的就是这件事。

汉景帝像

选自《历代帝王圣贤名臣大儒遗像》册 （清）佚名 收藏于法国国家图书馆

汉文帝第五子刘启，即位后沿用其父文帝的政策，并进一步改革完善，与其父一起开创了『文景之治』的治世。除此之外，刘启还重用御史大夫晁错，大力推行削藩，平定了诸侯国吴王刘濞的反叛。

齐王肥传子襄继为齐王，齐王襄传子则，则死后没有儿子，文帝就把他的地方，分为齐、济北、济南、菑川、胶西、胶东六国，立了齐王肥的庶子六人。又把淮南之地，分成三国。但吴、楚仍是大国，吴王濞尤积有反心。公元前154年，吴王联合楚、赵、胶西、胶东、菑川、济南造反，声势很盛，后为周亚夫所败。

屈尊劳将

选自《帝鉴图说》法文外销画绘本 （明）佚名 收藏于法国国家图书馆

《汉书·周亚夫传》载，汉文帝去军营慰劳将士，到达周亚夫驻扎的细柳时，军中都尉却说：『军中闻将军令，不闻天子诏。』等文帝派使者持天子符节通告，周亚夫这才传令接驾，但又要求不许驰驱车马，于是文帝只得按住车辔，徐徐而行。等终于见到周亚夫后，他竟只对文帝行拱手礼，令文帝震惊不已。但文帝知道周亚夫治军严明，所以非但没有怪罪他，反而褒奖道：『此真将军矣！』

第十讲

汉武帝的内政外交

在第八讲里所提出的对内对外两个问题，乃是统一以后自然存在的问题。对内的问题，重要的有两方面：一个是生计，一个是教化。衣食足而知荣辱，生计问题，自然在教化之先；而要解决生计问题，又不过平均地权、节制资本两途。言平均地权和教化者，莫如儒家，言节制资本者，莫如法家。汉武帝，大家称他是崇儒的人，其实他并不是真懂得儒家之道的，只做了些表面上的事情，如改正朔、易服色等，所以当时真正的儒家董仲舒，提出了限民名田的主张，他并不能行。至于法家，他用到了一个桑弘羊，行了些榷盐铁、酒酤、均输等政策。据《盐铁论》看来，桑弘羊确有节制资本之意，但借官僚以行之，很难望其有利无弊，所以只达到了筹款的目的，节制资本，则徒成虚语，且因行政的腐败，不免有使人民受累的地方。

汉武帝像

选自《帝王道统万年图》册　（明）仇英　收藏于中国台北『故宫博物院』

汉武帝刘彻即位后，对内颁行推恩令，开创察举制选拔人才。对外则派卫青、霍去病等征战匈奴，命张骞出使西域，开辟丝绸之路。文化上，他『罢黜百家，独尊儒术』，设立太学。汉武帝在位期间是西汉最鼎盛的时期，但其一生的功过却颇有争议。

蒲轮征贤

选自《帝鉴图说》法文外销画绘本　（明）佚名　收藏于法国国家图书馆

汉武帝喜好儒学，多举用名儒为官。听闻申公学识渊博，便派使者去迎聘他。汉武帝念及申公年老，怕他受舟车劳顿之苦，于是就用蒲草包裹住车轮，使马车行驶得更加平稳。申公感恩戴德，后入朝尽心辅佐。

董仲舒像

[日]佚名

西汉哲学家，吸收了儒家、道家、阴阳家、法家等各学派思想，最终以儒家宗法思想为中心，系统地提出了『天人感应』『大一统』，以及三纲五常等学说。著有《天人三策》《士不遇赋》《春秋繁露》。因自幼酷爱读书，常常废寝忘食，于是他的父亲就在宅子后面修建了一个花园，希望董仲舒能多去花园散散心。不料，花园建造好的三年间，董仲舒还是醉心书籍，最后成为儒学大师。

至于对外，当时还威胁着中国边境的，自然还是匈奴。匈奴，自秦末乘中国内乱，戍边者皆去，复入居河南。汉初，其雄主冒顿，把东胡和月氏都征服了。汉高祖曾出兵征伐匈奴，被围于平城，七日乃解。此时中国初定，不能对外用兵，乃用娄敬之策，名家人子为长公主，嫁给冒顿，同他讲和，是为中国以公主下嫁外国君主结和亲之始。到汉武帝，才大出兵以征匈奴，公元前127年，恢复河南之地，匈奴自此移于漠北。公元前119年，又派卫青、霍去病绝漠攻击，匈奴损折颇多，渐移向西北。

然此乃国力的胜利，并非战略的胜利。至于其通西域，则更是动于侈心。他的初意，是听说月氏为匈奴所破，逃到今阿母河滨，要想报匈奴的仇，苦于无人和他合力，乃派张骞出使。张骞回来后，知道月氏已得沃土，无报仇之心，其目的已不能达到了。但武帝因此而知西域的广大，于是想招致西域各国。

公元前104年，李广利伐大宛，不克。武帝又续发大兵，公元前101年，到底把它打下。西域诸国，因此慑于中国兵威，相率来朝。还有一个乌孙，也是游牧民族，当月氏在甘肃西北境时，乌孙为其所破，依匈奴以居，后借匈奴的助力，把月氏打败，乌孙即占据伊犁之地。匈奴浑邪王降汉时，汉朝尚无意开其地为郡县，张骞建议，招乌孙来居之。乌孙不肯来，而匈奴因其和中国交通，颇责怪他。乌孙恐惧，愿"婿汉氏以自亲"。于是汉朝把一个宗室女儿嫁给他。从此以后，乌孙和匈奴之间有问题，汉朝就不能置之不问。

当时的朝鲜：汉初燕人卫满走出塞，把箕子之后袭灭了，自王朝鲜。传子至孙，于公元前108年，为汉武帝所灭。朝鲜半岛的主要民族是貉族，自古即渐染汉族的文化，经此长期的保育，其汉化的程度愈深。南方的东瓯，因为闽越所攻击，公元前138年，徙居江、淮间。南越和闽越，均于公元前111年，为中国所灭。两越既平，亦即开辟为郡县，确立了中国西南部的疆域。今青海首府附近，即汉人称为河湟之地的，为羌人所据。这一支羌人，系属游牧民族，颇为中国之患。公元前112年，汉武帝把他打破，设护羌校尉管理他，开辟了今青海的东境。

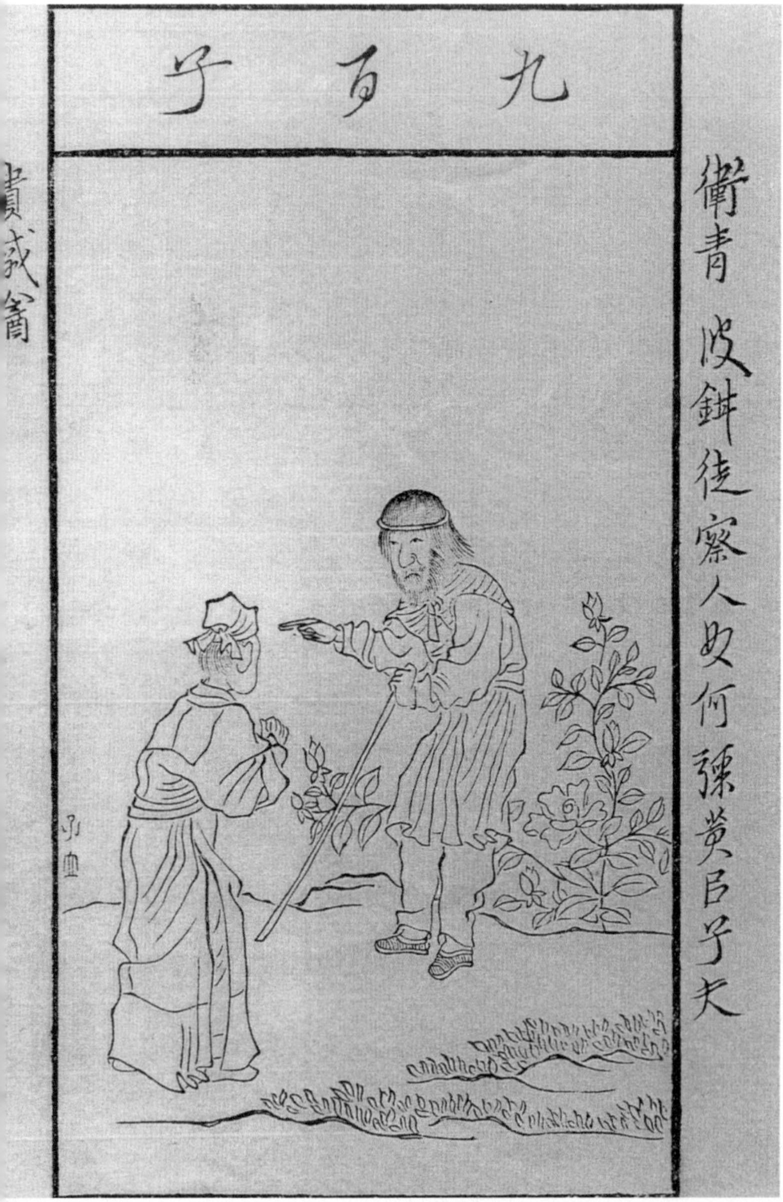

卫青像　选自《博古叶子》　（明）陈洪绶

西汉杰出军事家，民族英雄。在抗击匈奴时，曾七战七胜，军事活动有：龙城大捷、收复河套、漠北大战等。他与外甥霍去病关系和睦，两人一起立下了赫赫战功。在漠北大战时，卫青的部下李广因一生没有立功封侯，再加上与单于交战时迷了路，使得单于逃脱，所以羞愧自刎。不料李广之子李敢把父亲之死怪罪到卫青身上，于是将其刺伤。虽然卫青并没有追究这件事，但是霍去病不甘心舅舅被打，于是暗自射杀了李敢。

第十一讲

前汉的衰亡

汉武帝死后，汉朝是经过一次政变的，这件事情的真相，未曾有传于后。武帝因迷信之故，方士神巫，多聚集京师，至其末年，遂有巫蛊之祸，皇后自杀。太子据发兵，把诬陷他和皇后的江充杀掉。武帝认为造反，亦发兵剿办。太子兵败出亡，后被发觉，自缢而死。当太子死时，武帝儿子存在的，还有燕王旦、广陵王胥、昌邑王髆，武帝迄未再立太子。公元前87年，武帝死，立赵婕妤所生幼子弗陵，是为昭帝。霍光、上官桀、桑弘羊、金日磾同受遗诏辅政。赵婕妤先以谴死。昭帝既立，燕王谋反，不成而死。桑弘羊、上官桀都以同谋被杀。公元前74年，昭帝死，无子。霍光迎立昌邑王的儿子贺，旋又为光所废，而迎太子据之孙病已于民间，是为宣帝。宣帝既立，自然委政于光，立六年而光死，事权仍在霍氏手里。至公元前66年，霍氏被诛灭。

女巫出入

选自《帝鉴图说》法文外销画绘本 （明）佚名 收藏于法国国家图书馆

汉武帝时期，其后宫请了诸多女巫入宫，试图用巫术争宠，还牵连了朝中大臣。于是汉武帝命江充查明此事，而江充素来与太子据有嫌隙，便联合官员借此诬陷他。太子怒杀江充，却被汉武帝以为谋反而遭到镇压，太子自杀身亡。

褒奖守令

选自《帝鉴图说》法文外销画绘本（明）佚名　收藏于法国国家图书馆

汉宣帝重视吏治，不仅对太守、县令的选任十分慎重和严格，而且对有功劳的优秀官员也予以物质、精神两方面的褒奖，有效地改善了不正之风。

武帝在时，内行奢侈，外事四夷，实已民不堪命。霍光秉政，颇能轻徭薄赋，与民休息。宣帝起自民间，又能留意于吏治和刑狱。所以昭、宣二帝之世，政治反较武帝时为清明，汉朝对于西域的声威，益形振起。公元前 49 年，宣帝崩，子元帝立。汉朝国威之盛，至此亦达于极点。

然有一事，系汉朝政治败坏的根源，那便是宰相之权，移于尚书。自霍光秉政，自领尚书，宰相都用年老无气和自己的私人，政事悉由宫中而出，遂不能有正色立朝之臣。宦者弘恭、石显，当宣、元之世，相继在内用事。元帝时，士大夫如萧望之、刘向等，竭力和他们争斗，终不能胜。朝无重臣，遂至嬖倖得干相位，外戚得移朝祚，西汉的灭亡，相权的丧失，实在是一个重要的原因。

元帝以公元前 33 年死，子成帝立。成帝是个荒淫无度的人，喜欢了一个歌者赵飞燕，立为皇后，又立其女弟合德为婕妤。性又优柔寡断，事权遂入于外家王氏之手。公元前 7 年，成帝崩，哀帝立，宠爱嬖人董贤，用为宰相，朝政愈乱。哀帝任用其外家丁氏，祖母族傅氏，实力远非王氏之敌。公元前 1 年，哀帝崩，无子，王莽乘机复出，迎立平帝。诛灭丁、傅、董贤，旋弑平帝而立孺子婴。王莽称帝，改国号为新，前汉遂亡。

明辨诈书

选自《帝鉴图说》法文外销画绘本（明）佚名 收藏于法国国家图书馆

汉昭帝的姐姐勾结燕王旦企图陷害贤臣霍光。他们派上官桀向昭帝上书，罗列了霍光的『罪状』。次日，霍光被昭帝下诏召见。一进宫，霍光就叩头谢罪，不料年仅十四岁的昭帝揭穿了书信的阴谋，选择信任霍光，霍光的地位得到了稳固。

五侯擅权

选自《帝鉴图说》法文外销画绘本 （明）佚名
收藏于法国国家图书馆

汉成帝重用太后王氏的族人，封他的舅舅王谭、王立、王根、王逢时、王商为列侯，称为『五侯』。这五人无功无德，仗势欺人，对政权妄加干预。汉成帝虽采取了一系列制衡措施，但最终失败。

▶宠昵飞燕

选自《帝鉴图说》法文外销画绘本 （明）佚名
收藏于法国国家图书馆

赵飞燕原是阳阿公主府的歌女，因其舞姿轻盈如燕，所以得名『飞燕』。深受汉成帝宠爱。『环肥燕瘦』指的便是杨玉环和赵飞燕。

嬖佞戮贤

选自《帝鉴图说》法文外销画绘本（明）佚名 收藏于法国国家图书馆

董贤是汉哀帝刘欣的宠臣，不仅汉哀帝出门乘车时会让他陪坐在身边，而且还赏赐他千顷土地，授予官职。除了封董贤为高安侯外，董贤的妹妹还受封为昭仪。

第十二讲

新室的兴亡

前后汉之间，是中国历史的一个转变。后世的政治家认为一切不合理的事，都该用人力去改变，出来负这个责任的，当然是贤明的君主和一班贤明的政治家。汉昭帝时，有一个儒者，唤作眭弘，劝汉帝“求索贤人，禅以帝位，而退自封百里”。宣帝时，有个盖宽饶，上封事亦说：“五帝官天下，三王家天下，家以传子，官以传贤，四序之运，成功者退，不得其人，则不居其位。”眭弘因霍光专政，怕人疑心他要篡位，所以牺牲了他。盖宽饶则因其刚直之性，既触犯君主，又为有权势的人所忌，以致遭祸。在政务上举行较根本的改革的，在宣帝时有王吉。因为宣帝是个实际的政治家，不能听他的话。元帝即位，却征用了王吉和他朋友贡禹。王吉年老，在路上死了。贡禹征至，官至御史大夫。听了他的话，改正了许多奢侈的制度，又行了许多宽恤民力的政事。其时又有个翼奉，劝元帝徙都成周。哀帝则有一个贺良，劝他改号为陈圣刘皇帝，后遭遇反对而失败了。但改革的气势，既然如此其磅礴郁积，自然终必有起而行之之人，而这个人就是王莽。他是代表时代潮流，出来实行改革的人。要实行改革，自然要取得政权；要取得政权，自然要推翻前朝的皇帝。

要大改革，第一步自然还是生计问题，王莽所实行的是：（一）改名天下的田为王田，这即是现在的宣布土地国有，和附着于土地的奴隶，都不准买卖，而举当时所有的土田，按照新章，举行公平的分配。（二）立“六筦”之法，将大事业收归官营。（三）立司市、泉府，以平衡物价，使消费者、生产者、交换者，都不吃亏。收有职业的人的税，以供要生利而无资本的人，及有正当消费而一时周转不灵的人的借贷。他的办法，颇能综合儒法两家，兼顾到平均地权和节制资本两方面，其规模可称阔大，思虑亦可谓周详。但是要举行这种大改革，必须民众有相当的觉悟，且能作出相当的行动，专靠在上者的操刀代斫，是不行的。

新莽铜诏版 收藏于上海博物馆

这是新朝的开国皇帝王莽，为了检定度量衡而颁布的诏书，其线条流畅，疏密得当，文字为小篆，代表了秦汉篆书的最高水平。除此之外，王莽还进行了货币、官制，以及征收商税等一系列改革，史称『王莽新政』。

以中国之大，古代交通的不便，一个中央政府，督责之力本来有所不及；而况当大改革之际，普通官吏对法令，也未必能了解，而作弊的机会却特多。所以推行不易，监督更难。王莽当日所定的法令，有关实际的，怕没有一件能够真正推行。王莽是个偏重立法的人，他的改革货币，麻烦而屡次改变，势不可行，把商业先破坏了。新分配之法，未曾成立，旧交易之法，先已破坏，遂使生计界的秩序大乱，全国的人，无一不受影响。

一刀平五千

用黄金镶嵌『一刀』两字，刀身上铸有『平五千』三个字，又称金错刀。重20–46克。

王莽新币

王莽新政期间，共进行了四次币制的改革。但由于币制复杂，使得人民交易十分混乱。而且每次的改革致使钱币贬值，经济发展受到巨大影响。所以币制改革的失败也是新朝迅速灭亡的原因之一。

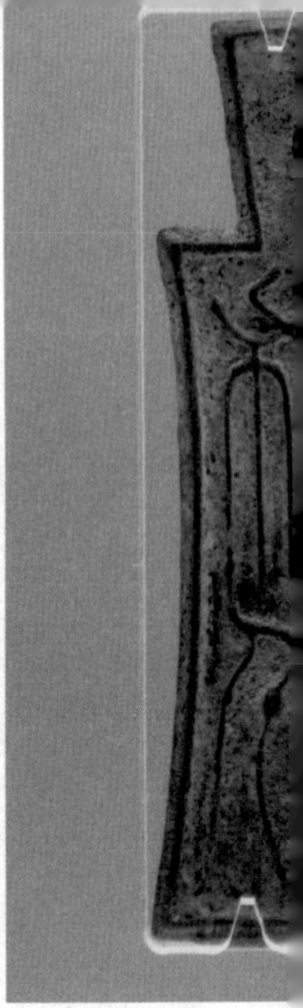

布币：大布黄千

十布中最大的币值，一枚相当于『小泉直一』1000枚，一般长5.4厘米，重8—12克。

泉币：大泉五十

六泉中最大的，意思是1枚当50枚五铢钱的大钱，重量才是五铢钱的两个半重。币值形态分有2大类4种。

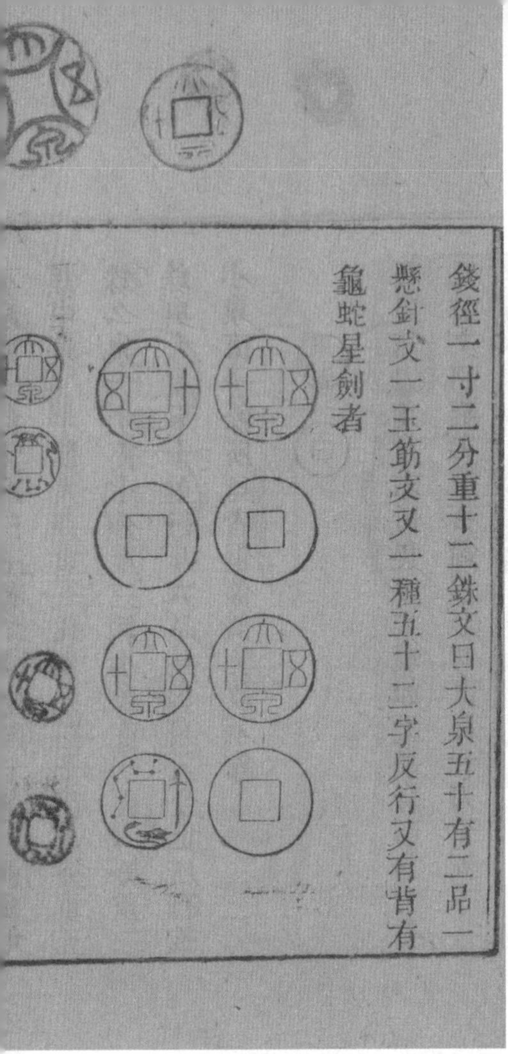

王莽又是个拘泥理论、好求形式上整齐的人。他要把全国的政治区划，依据地理，重行厘定，以制定封建和郡县制度。这固然是一种根本之图，然岂旦夕可致？他又要大改官制，一时亦不能成功，而官吏因制度未定，皆不得禄，自然贪求更甚了。对于域外，也是这一套。如更改封号及印章等，无关实际、徒失交涉的圆滑，加以措置失宜，匈奴、西域、西南夷，遂至背叛。王莽对于西域，未曾用兵。西南夷则连年征讨，骚扰殊甚。对于匈奴，他更有一个分立许多小单于，而发大兵深入穷追，把其不服的赶到丁令地方去的一个大计划。这个计划，倒也是值得称赞的，然亦谈何容易？当时调兵运饷，牵动尤广，屯守连年，兵始终没有能够出，而内乱却已蔓延了。

22年，藏匿在今当阳县绿林山中的兵，分出南阳和南郡（汉南阳郡，今河南南阳县。南郡，今湖北江陵县）。入南阳的谓之新市兵，入南郡的谓之下江兵，入平林乡的谓之平林兵。汉朝的宗室刘玄，在平林兵中。刘缜、刘秀则起兵春陵（今湖北枣阳县），和新市、平林兵合。刘玄初称更始将军，后遂被立为帝。明年，王莽派大兵去剿办，大败于昆阳。莽遂失其控制之力，各地方叛者并起。长安中叛者亦起。莽遂被杀。更始移居长安，然为新市、平林诸将所制，不能有为。刘缜为新市、平林诸将所杀。刘秀别为一军，出定河北。即帝位于鄗，是为后汉光武皇帝。先打平了许多小股的流寇，后攻入长安。更始兵败出降，旋被杀。之后光武平定天下。

汉光武帝像

选自《历代帝王圣贤名臣大儒遗像》

（清）佚名　收藏于法国国家图书馆

东汉开国皇帝，汉高祖刘邦九世孙刘秀。刘秀沿用『汉』的国号，史称东汉。在位期间，减轻赋税、徭役；释放奴婢、刑徒；禁止外戚、宦官干政；社会生产发展繁荣，史称『光武中兴』。值得一提的是，刘秀还是太学生的时候，见到了富家千金阴丽华，心生爱慕，说出了『娶妻当得阴丽华』这样的豪言，最后刘秀果真迎娶了阴丽华，也是一段爱情佳话。

自王莽施行大改革失败后，社会渐被视为不可以人力控制之物，只能听其迁流所至。“治天下不如安天下，安天下不如与天下安”，遂被视为政治上的金科玉律了。所以说这是中国历史上的一个大转变。

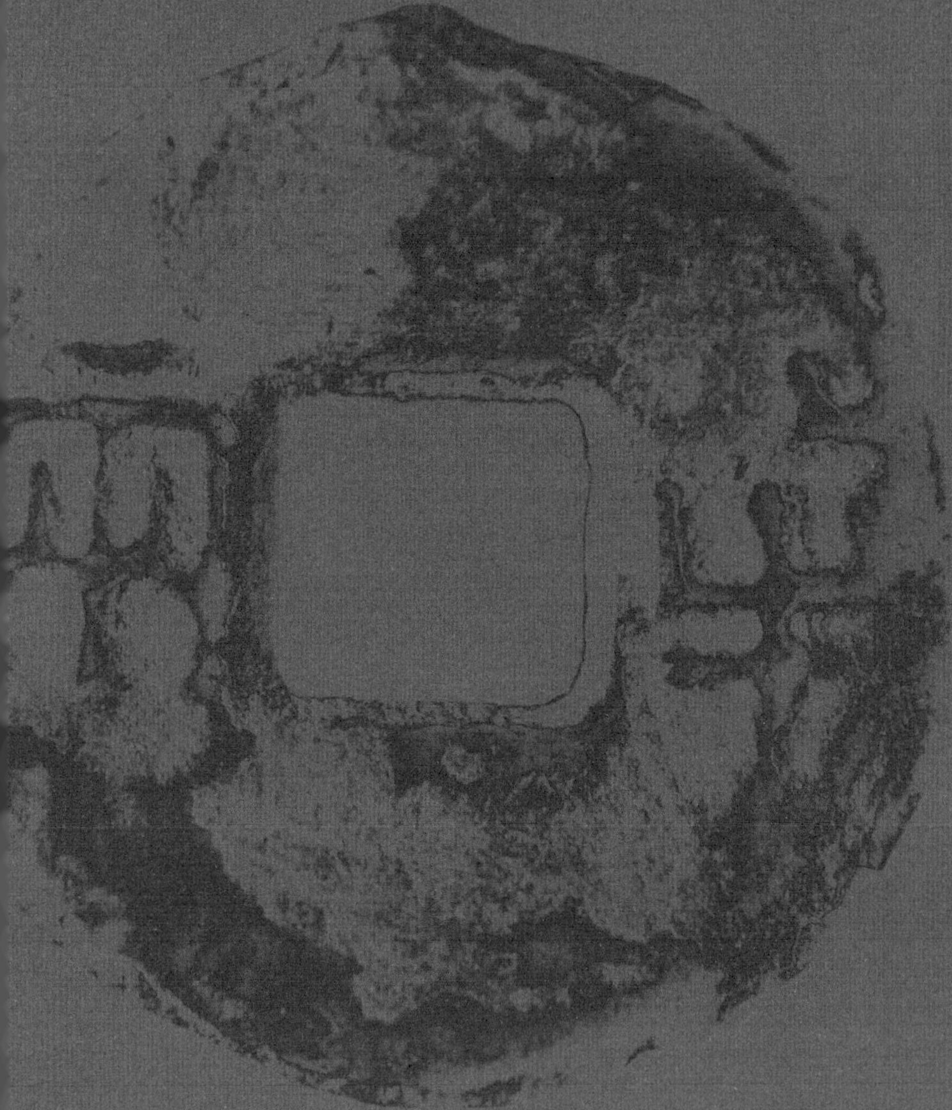

第十三讲

后汉的盛衰

后汉自25年光武帝即位起，至220年为魏所篡止，共计195年。其运祚略与前汉相等，然其国力的充实，则远不如前汉了。光武帝是一个实际的政治家。他知道大乱之后，急于要休养生息，所以一味地减官省事。位高望重的三公，亦只崇其礼貌，而自己以严切之法，行督责之术，虽然有时不免失之过严，然颇得专制政治“严以察吏，宽以驭民”的秘诀，所以其时的政治，颇为清明。57年，光武帝崩，子明帝立，亦能守其遗法。75年，明帝崩，子章帝立，政治虽渐见宽弛，然尚能蒙业而安。章帝以88年崩。

夜分讲经

选自《帝鉴图说》法文外销画绘本

（明）佚名 收藏于法国国家图书馆

《后汉书·光武帝纪》中记载，汉光武帝勤于政事，每次退朝之后，都会与公卿郎将讲论经书中的义理，一直到半夜时分才去休息。

临雍拜老

选自《帝鉴图说》法文外销画绘本

（明）佚名 收藏于法国国家图书馆

汉明帝刘庄即位后，崇尚儒学，还在南宫设立太学，请德高望重的讲师传道授业。画面中即是汉明帝亲自到太学举行百老礼，并和诸弟子一起讲解经义的场景。

爱惜郎官

选自《帝鉴图说》法文外销画绘本　（明）佚名　收藏于法国国家图书馆

画面描绘的是汉明帝的姐姐馆陶公主向他乞恩，希望能授予她的儿子郎官之职。明帝不愿轻易授职，怕用错人损害百姓的利益，所以只赏赐了一千万铜钱。体现了汉明帝用人谨慎，对百姓负责。

匈奴呼韩邪单于约诸子以次继立。六传至呼都而尸单于，背约而杀其弟。前单于之子比，时领南边，不服。48 年，自立为呼韩邪单于，来降。匈奴自此分为南北。89 年，南单于上书求并北庭。时和帝新立，年幼，太后窦氏临朝。后兄窦宪为大将军，出兵击破匈奴。后年，又大破之于金微山。北匈奴自此远遁，不能为中国之患了。西域的东北部，是易受匈奴控制的。后汉初兴，诸国多愿遣子入侍，请派都护。光武不许。明帝时，才遣班超出使。班超智勇足备，带了少数的人，留居西域，调发诸国的兵，征讨不服，至 91 年而西域平定。汉朝复设都护，以超为之。

后汉的乱源，共有好几个，其中最重要的，就是外戚和宦官。宗室分封于外，而中朝以外戚辅政，本来是前汉的一个政治习惯。虽然前汉系为外戚所篡，然当一种制度未至崩溃时，即有弊窦，人们总认为是人的不好，而不会归咎于制度的。如此，后汉屡有冲幼之君，只会由母后临朝；母后临朝，自然要任用外戚。君主之始，本来是和一个乡长或县长差不多的。他和人民是很接近的。到后来，国家愈扩愈大，和原始的国家不知相差若干倍了，而君主的制度依然如故。他和人民，和比较低级的官吏，遂至因层次之多，而自然隔绝。又因其地位之高，而自成养尊处优之势，遂至和当朝的大臣，都不接近，而只是和些宦官宫妾习狎。

后汉外戚之祸，起于章帝时。章帝的皇后窦氏是没有儿子的。宋贵人生子庆，立为太子。梁贵人生子肇，窦后养为己子。后诬杀宋贵人，废庆为清河王，而立肇为太子。章帝崩，肇立，是为和帝。后兄窦宪专权。105年，和帝崩。据说和帝的皇子，屡次夭殇，所以生才百余日的殇帝，是寄养于民间的。皇后邓氏迎而立之。明年，复死。乃迎立清河王的儿子，是为安帝。邓太后临朝。太后崩后，安帝亲政，任用皇后的哥哥阎显，又宠信宦官和乳母王圣，政治甚为紊乱。阎皇后无子，后宫李氏生

马踏飞燕 收藏于甘肃省博物馆

整体造型精美生动，马作昂首嘶鸣状。最重要的是它三足腾空，全身的重心都在一只脚上，还维持了平衡，体现出卓越的工艺技术水平。

子保，立为太子。后谮杀李氏而废保。125 年，安帝如宛，道崩。皇后秘丧驰归，迎立章帝之孙北乡侯懿。当年即死。宦者孙程等迎立废太子保，是为顺帝，然未久即多遭谴斥。顺帝任用皇后的父亲梁商，商死后，子冀继之，其骄淫纵恣，为前此所未有。144 年，顺帝崩，子冲帝立。明年崩。梁冀迎立章帝的玄孙质帝。因年小聪明，为冀所弑。又迎立章帝的曾孙桓帝。桓帝立十三年后，才和宦者单超等五人合谋把梁冀诛戮，自此宦官又得势了。

宦官和阉人，本来是两件事。“宦”字的初义，是在机关中学习，后来则变为在贵人家中专事伺候人的意思。皇室的规模，自然较卿大夫更大，自亦有在宫中服侍他的人，此即所谓“宦官”。本不专用阉人，但到后来，刑罚滥了，士大夫亦有受到宫刑的；又有生来天阉的人；又有贪慕权势，自宫以进的，不都是俘虏或罪人。于是其人的能力和品格，都渐渐提高，而可以用为宦官了。后汉邓太后临朝后，宫中有好几种官都改用阉人，宦官遂成为阉人所做的官的代名词。虽然阉人的地位实已提高，然其初既是俘虏和罪人，社会上自然还将他当作另一种人看待，士大夫更瞧他不起。当时的宦官，多有子弟亲戚，或在外面做官暴虐，或则居乡恃势骄横。用法律裁制，或者激动舆论反对他，正是立名的好机会。士大夫和宦官，遂势成水火。这一班好名誉好交结的士大夫，自然也不免互相标榜，互相结托。

京城里的太学，游学者众多，而且和政治接近，便成为士大夫们聚集的中心。结党以营谋进身，牵引同类，淆乱是非，那是政治上的一个大忌。当时的士大夫，自不免有此嫌疑。而且用这一个罪名，则一网可以打尽，这是多么便利，多么痛快的事！宦官遂指当时反对他们的名士为党人，劝桓帝加以禁锢，后因后父窦武进言，方才把他们赦免。167 年，桓帝崩，无子，窦后和武定策禁中，迎立了章帝的玄孙灵帝。太后临朝。

后窦武被谋诛弄权的宦官所害，太后亦被迁，抑郁而死。灵帝年长，不徒不知整顿，反更崇信宦官，听其把持朝政，浊乱四海。

大伤后汉元气的是羌乱。中国和外夷，其间本来有边塞隔绝着的。论民族主义的真谛，先进民族本来有诱掖后进民族的责任，不该以隔绝为事。但是同化须行之以渐。在同化的进行未达相当程度时，彼此的界限是不能遽行撤废的。因为文化的不同就是生活的相异，不能强使生活不同的人共同生活。

东汉铜骑吏 收藏于甘肃省博物馆

由骑吏、马和车组成。马四足伫立，矫健有力。骑吏则左手执辔，右手握拳于胸前，跨坐于鞍上。

李膺像

选自《古圣贤像传略》清刊本 （清）顾沅／辑录 （清）孔莲卿／绘

李膺，东汉时期名士。汉桓帝时期，鲜卑进犯云中郡，羌人多次抢掠周边地区，百姓们深受迫害。李膺临危受命，抵达边境。羌人畏惧他的威名，纷纷屈服。从此，李膺声威远播。

今青海省的东北境，在汉时本是羌人之地。王莽摄政时，讽羌人献地，设立了一个西海郡。既无实力开拓，边塞反因之撤废，羌人就侵入内地。后汉初年，屡有反叛，给中国征服了，又都把他们迁徙到内地来。安帝时，遂酿成大规模的叛乱。这时候，政治腐败，地方官无心守土，都把郡县迁徙到内地。人民不乐迁徙，则加以强迫驱遣，流离死亡，不可胜数。派兵剿办，将帅又腐败，历时十余年，才算勉强结束。顺帝时又叛，桓帝任用段颎，大加诛戮，才算镇定下来。然而西北一方，凋敝已甚，将帅又渐形骄横，隐伏着一个很大的乱源了。

遇事都诉之理性，这只是受过优良教育的人，在一定的范围中能够。其余大多数人还是受习惯和传统思想的支配。这是没有理由可以解说的，所以人们都置诸不问，而无条件加以承认，此即所谓迷信。给迷信以一种力量的则为宗教。宗教鼓动人的力量是颇大的。在汉时，上下流社会，是各别进行的。在上流社会中，孔子渐被视为一个神人。但在上流社会中，到底是受过良好教育，不容此等迷信之论控制，所以不久就被反对迷信的玄学打倒。在下流社会，则各种迷信，逐渐结合，而形成后世的道教。其中最主要的是张角的太平道和张修的五斗米道。道教到北魏时的寇谦之，才全然和政府妥协，前此，则是很激烈地反对政府的。张修造反，旋即平定，张角却声势浩大，以184年起事。他的徒党，遍于青、徐、幽、冀、荆、扬、兖、豫八州，即今江苏、安徽、浙江、江西、湖北、湖南、山东、河南、河北各省之地。但张角似是一个只会煽惑而并没有什么政治能力的人，所以不久即败。然此时的小乱事，则已到处蔓延，不易遏止了，黄巾的余党亦难于肃清。分裂之势渐次形成，静待着一个机会爆发。

第十四讲

后汉的分裂和三国

189年，灵帝崩。灵帝皇后何氏，生子辩。美人王氏，生子协。灵帝属意于协，未及定而崩，属协于宦者蹇硕。然而这本是不合法的事，皇帝自己办起来，还不免遭人反对，何况在其死后？这自然不能用法律手段解决。蹇硕乃想伏兵把何皇后的哥哥大将军何进杀掉，然后举事。事机不密，被何进知道了，就拥兵不朝。蹇硕无可如何，而辩乃得即位，是为废帝。何进把蹇硕杀掉，因想尽诛宦官。而何氏家本寒微，向来是尊敬宦官的。何太后的母亲和何进的兄弟，又受了宦官的贿赂，替他们在太后面前说好话。太后因此坚持不肯。何进无奈，乃召外兵进京，欲以胁迫太后。宦官见事急，诱进入宫，把他杀掉。何进的官属，举兵尽诛宦官。京城大乱，而凉州将董卓适至，拥兵入京，大权遂尽入其手。他把废帝废掉，而立协为皇帝，是为献帝。山东州郡起兵反对他，他乃移献帝于长安，接近自己的老家，以便负隅抵抗。东方州郡人各有心，都各占地盘，无意于进兵追讨。后来司徒王允，和董卓亲信的将官吕布相结，把董卓杀掉。董卓的将校李傕、郭汜，又回兵替董卓报仇。吕布出奔，王允被杀。李傕、郭汜又互相攻击，汉朝的中央政府就从此解纽，不再能号令全国了。

董卓入京

选自《博古叶子》清刻本 （明）陈洪绶

董卓，东汉末年权臣。当时京中动乱，董卓趁机占据京城，立献帝刘协为帝，实揽朝中大权。他不仅四处搜刮大量财物，而且滥杀朝中大臣，后司徒王允策划反间计，挑拨董卓及其大将吕布，杀害了董卓。董卓死后，百姓们载歌载舞，连带董卓的其他族亲也被全部诛灭。

各地方割据的：幽州有公孙瓒，冀州有袁绍，兖州有曹操；徐州始而是陶谦，后来成为刘备和吕布争夺之场。扬州(今寿县一带)为袁术所据，江东则入于孙策；荆州有刘表；益州有刘焉。当时政治的重心，是在山东的。（古书所谓“山东”，系指华山以东，今之河南、山东，都包括在内。）袁绍地盘最大，而曹操最有雄才大略。献帝因不堪李傕、郭汜的压迫，逃归洛阳，贫弱不能自立，召曹操入卫，操移献帝于许昌，遂成挟天子以令诸侯之势。刘备为吕布所破，逃归曹操，曹操和他合力，击杀了吕布。袁术因荒淫无度，不能自立，想走归袁绍，曹操又使刘备邀击，术退走，旋死。刘备叛操，操又击破之。200年，袁绍举大兵南下，与操相持于官渡，为操所败。绍气愤死。205年，绍二子并为操所灭。于是北方无与操抗者。208年，操南征荆州。刘表适死，其幼子琮，以襄阳降。刘备时在荆州，走江陵。操追败之。备奔刘表的长子琦于江夏，和孙权合力，败操于赤壁。于是刘备屯兵荆州，而孙权亦觊觎其地。后备乘刘焉的儿子刘璋暗弱，夺取益州。孙权想攻荆州，刘备同他讲和，把荆州之地平分了。时马腾的儿子马超和韩遂反叛，曹操击破之。又降伏了张鲁。刘备北取汉中。曹操自争之，不能克，只得退回。天下渐成三分之势。

曹操在清末京剧《阳平关》中的扮相

选自《清末京剧一百人物像》册（清）佚名 收藏于美国纽约大都会艺术博物馆

曹操，字孟德，小字阿瞒。汉末著名政治家、军事家、文学家。现存20多篇诗歌，著名的有《短歌行》《观沧海》《龟虽寿》等。

刘备初见诸葛亮时，诸葛亮替他计划，就是据有荆、益两州，天下有变，命将将荆州之兵以向宛、洛，而自率益州之众以出秦川的。备乃命关羽自荆州北伐，取襄阳，北方颇为震动，而孙权遣兵袭取江陵，羽还救，为权所杀。刘备忿怒，自将大兵攻权，又大败于猇亭（今湖北宜都县西）。于是荆州全入于吴。备旋以惭愤而死，此事在 223 年。先是 220 年，曹操死，子丕篡汉自立，是为魏文帝。其明年，刘备称帝于蜀，是为蜀汉昭烈帝。孙权是到 229 年才称帝的，是为吴大帝。天下正式成为三分之局。蜀的地方最小，只有今四川一省。吴自江陵而下，全据长江以南。所以三国以魏为最强，吴、蜀二国，常合力以与之抗。

蜀主刘备

选自《历代帝王图》

（唐）阎立本

收藏于波士顿美术馆

蜀主刘备，字玄德，蜀国开国皇帝。早年以织席贩履为业，但始终胸怀大志。在参与镇压黄巾起义后，逐渐建立了蜀汉政权。

魏文帝曹丕

选自《历代帝王图》

（唐）阎立本

收藏于波士顿美术馆

魏文帝曹丕，字子桓，曹操的次子，魏国开国皇帝。曹丕从小跟着曹操南征北战，不仅积累了战场上的经验，而且还创作了很多诗篇，为『建安文学』奠定了基调。

吴主孙权

选自《历代帝王图》

（唐）阎立本

收藏于波士顿美术馆

吴太祖孙权，字仲谋，被曹丕册封吴王，成为吴国的开国皇帝。即位后，孙权富国强兵，推行屯田，修建水利，是一位出色的政治家。宋代词人辛弃疾曾赞叹道：『生子当如孙仲谋。』

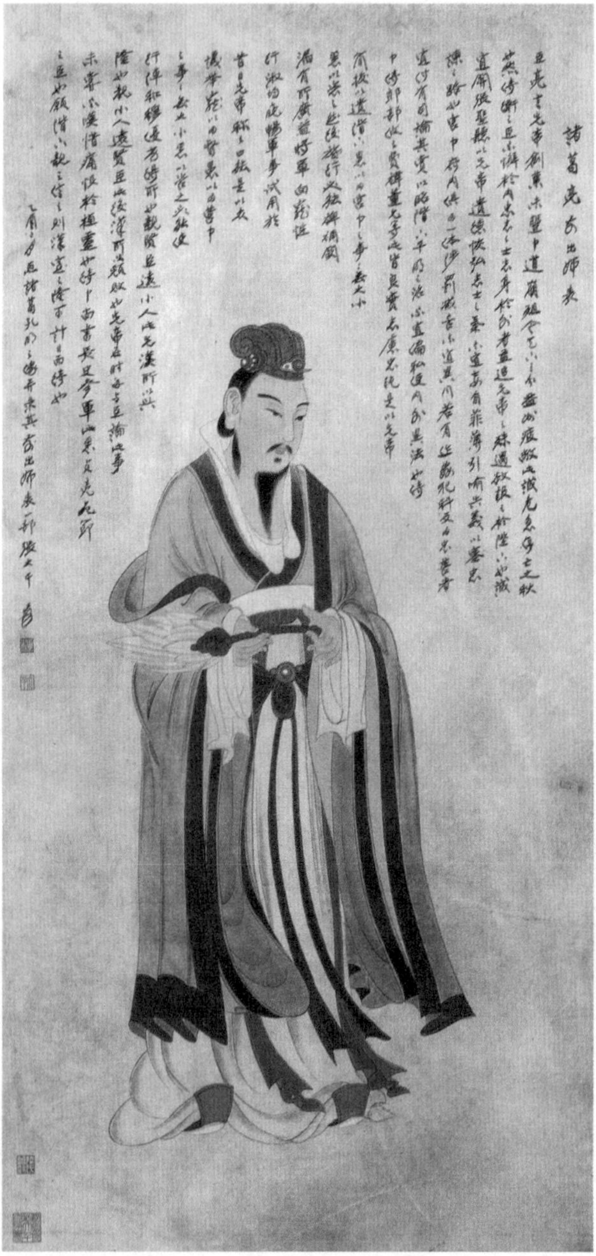

诸葛亮前出师表

（近代）张大千

诸葛亮，字孔明，号卧龙，三国时期蜀汉丞相。诸葛亮足智多谋，刘备曾三顾茅庐请他辅佐。此后，在诸多战役中献计献策，一生鞠躬尽瘁，著有《出师表》《诫子书》等。刘备称赞道：『孤之有孔明，犹鱼之有水也。』刘备与吴国战败后，在白帝城病危，于是将自己的儿子刘禅托付给了诸葛亮，史称『白帝城托孤』。

刘备的嗣子愚弱，所以托孤于诸葛亮。诸葛亮是有志于恢复中原的；而且蜀之国势，非以攻为守，亦无以自立。所以自先主死后，诸葛亮即与吴弃衅言和，连年出兵伐魏。魏文帝本来无甚才略，死后，儿子明帝继立，荒淫奢侈，朝政更坏。其时司马懿屡次带兵在关中和诸葛亮相持，又平定了辽东。明帝死后，子齐王芳年幼，司马懿和曹爽同受遗诏辅政。其初大权为曹爽所专。司马懿托病不出，而暗中运用诡谋，到底把曹爽推翻，大权遂尽入其手。司马懿死后，他的儿子司马师、司马昭相继把持朝局。蜀自诸葛亮死后，蒋琬、费祎继之，不复能出兵北伐。费祎死后，姜维继之，频年出兵北伐而无功，民力颇为疲敝。后主又信任宦官，政局渐坏。司马昭乘此机会，于263年发兵灭蜀。司马昭死后，他的儿子司马炎继之，于265年篡魏，是为晋武帝。至280年而灭吴统一中国。

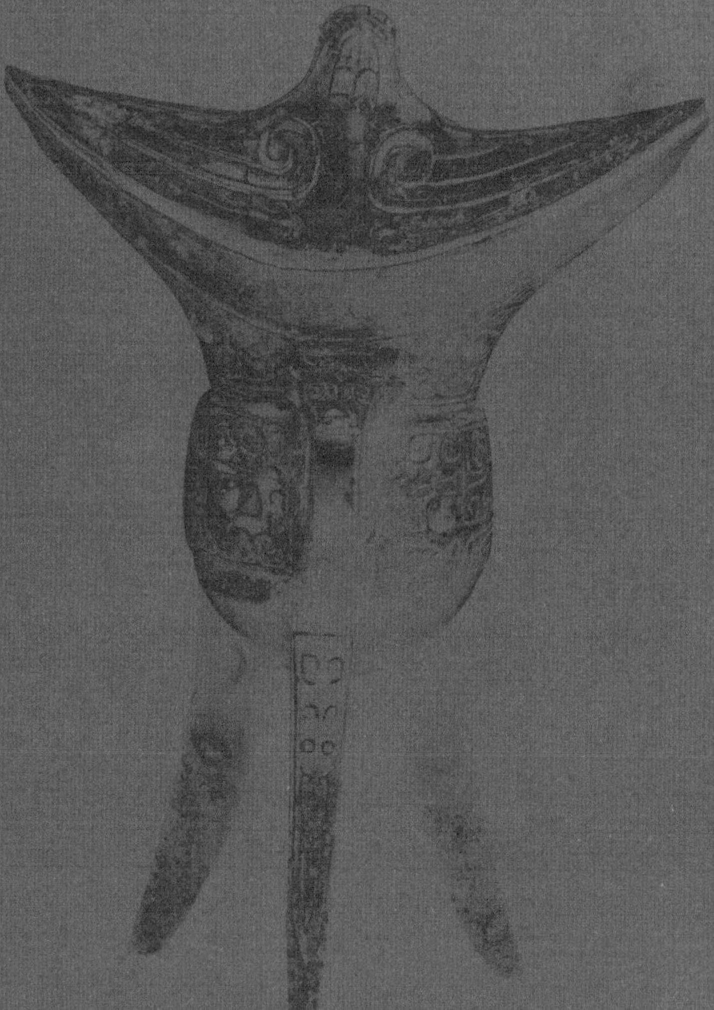

第十五讲

晋初的形势

晋武帝司马炎像

选自《历代帝王图》（唐）阎立本　收藏于波士顿美术馆

司马昭长子，晋朝开国皇帝。在位初期经济繁荣，史称「太康之治」。后期骄奢淫逸，分封诸王，引发了「八王之乱」。

吴、蜀灭亡，天下复归于统一了，然而乱源正潜伏着。自后汉以来，政治的纲纪久经废弛，若要挽回，最紧要的是以严明之法行督责之术。

汉朝人讲道家之学所崇奉的是黄、老，所讲的是清静不扰，使人民各安其生的法术。魏晋以后的人所崇奉的是老、庄，其宗旨为委心任运。狡黠的讲求趋避之术，养成不负责任之风。懦弱的则逃避现实，以求解除痛苦。颓废的则索性蔑视精神，专求物质上的快乐。到底人是现实主义的多，物质容易使人沉溺，于是奢侈之风大盛。

焚裘示俭

选自《帝鉴图说》法文外销画绘本 （明）佚名 收藏于法国国家图书馆

典故出自《晋书·武帝纪》，晋武帝即位时，太医司马程据进献了一件雉头羽毛裘袄。晋武帝见其十分华丽，怕助长奢靡之风，于是命人在殿前烧毁。后又昭告天下，不许再献华丽之服，体现了晋武帝勤俭持政的一面。

封建时代用人本来是看重等级的。东周以后，世变日亟，游士渐起而夺贵族之席。秦国在七国中是最能任用游士的。汉高起自徒步，一时将相大臣，亦多刀笔吏或家贫无行者流。汉武帝听了董仲舒的话，改革选法，博士、博士弟子、郡国上计之吏，和州郡所察举的秀才、孝廉，都从广大的地方和各种不同的阶层中来。魏晋以降，门阀制度渐次形成，高位多为贵族所盘踞，中下阶层参与政治的机会较少，自然不免腐败。

魏晋玄学的代表人物

魏晋时期崇尚老庄思想的思潮，主要是研究幽深玄远问题的学说。魏晋人称《老子》《庄子》及《周易》三书为“三玄”，“玄”这一概念，最早出现于《老子》：“玄之又玄，众妙之门。”主要代表人物有王弼、阮籍、嵇康、陶渊明等。

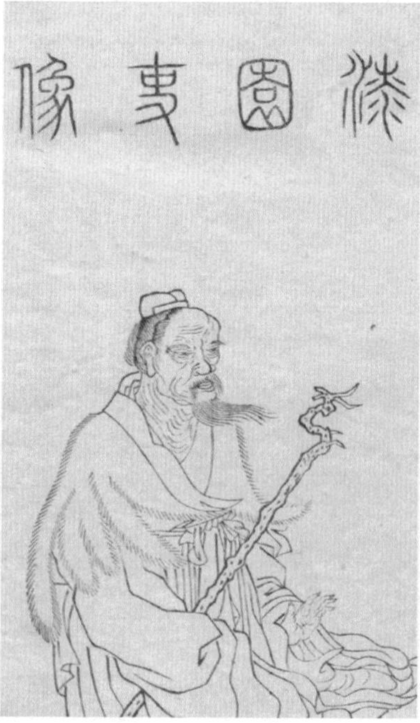

庄子像

选自《古圣贤像传略》清刊本 （清）顾沅/辑录 （清）孔莲卿/绘

庄子名周，战国时期宋国人，曾做过漆园吏，道家学派代表人物之一。庄子继承并发展了『道法自然』的思想，代表作有《庄子》《逍遥游》《齐物论》等三十三篇，蕴含哲理，想象丰富。

阮籍像

选自《古圣贤像传略》清刊本

（清）顾沅/辑录　（清）孔莲卿/绘

阮籍，三国时期魏国诗人、『竹林七贤』之一。因做过步兵校尉，又号阮步兵。阮籍天赋异禀，8岁就能写文章，以道德高尚、乐天安贫的古代贤者为榜样，有济世之志。著有《达庄论》与《大人先生传》。

嵇康像

选自《古圣贤像传略》清刊本

（清）顾沅/辑录　（清）孔莲卿/绘

三国时期魏国思想家、音乐家。容貌出众，博览群书，是『竹林七贤』的精神领袖。因拜官郎中，授中散大夫，世称『嵇中散』。他通晓音律，喜爱弹琴，著有音乐理论著作《琴赋》《声无哀乐论》。

陶渊明像

选自《古圣贤像传略》清刊本

（清）顾沅｜辑录　（清）孔莲卿｜绘

陶渊明，名潜，字元亮，别号五柳先生，私谥『靖节』，世称『靖节先生』。东晋末著名诗人，中国第一位田园诗人。陶渊明在辞官之后便归隐田林，他崇尚老庄的自然美学观，并将其哲理寓意运用到诗文之中，代表作品有《饮酒》《桃花源记》《归去来兮辞》《五柳先生传》等。

行书《周易·系辞》

（元）赵孟頫　收藏于北京故宫博物院

选自《周易·说卦传》的第一章。《周易》又称《易经》，是群经之首。这段话说的是：往昔圣人创作周易时，感叹自然的神奇，用蓍草来感应自然，进行占卜。圣人观察天地阴阳的变化规律，设立了八种卦象，又发挥以人为本的刚柔进退之理，产生人类社会活动的爻象。不断去探究万物的道理，认知各种命理趋势。

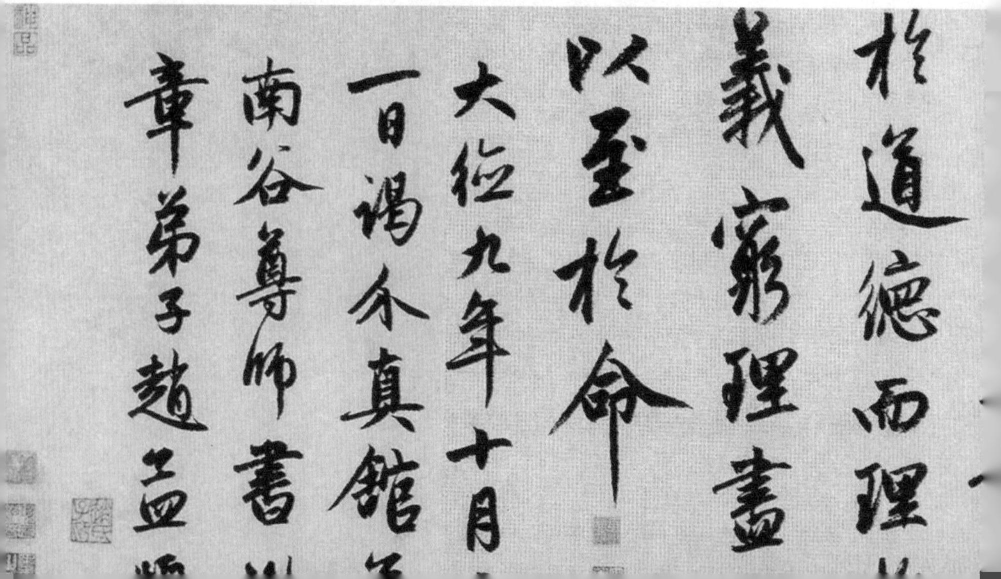

两汉时儒学盛行，颇笃于君臣之义。汉末政治腐败，有兵权的将帅，始终不敢背叛朝廷。五胡乱华，虽然稍稍激起民族主义，尚未能发扬光大；政治上的纲纪，还要靠忠君之义维持，而其颓败又如此，政治自更奄奄无生气了。

晋初五胡的形势，是如此的：（一）匈奴。散布在并州即今山西省境内。（二）羯。史籍上说是匈奴的别种，以居于上党武乡的羯室而得名的，在今山西辽县。羯人疑系氐、羌与匈奴的混种，以氐、羌为多。（三）鲜卑。《后汉书》说：东胡为匈奴所破，余众分保乌丸、鲜卑二山，因以为名。乌桓在南，鲜卑在北。后汉时，北匈奴败亡，鲜卑徙居其地。东起辽东，西至今甘肃境内，成为五胡中人数最多、分布最广的一族。（四）氐。氐人本来是居于武都的，即今甘肃成县，魏武帝怕被蜀人所利用，把他迁徙到关中。（五）羌。即后汉时叛乱之余。当时的五胡大部分是居于塞内的，其人亦多散处民间，从事耕织，然犷悍之气未消，而其部族首领，又有野心勃勃，想乘时恢复故业的。

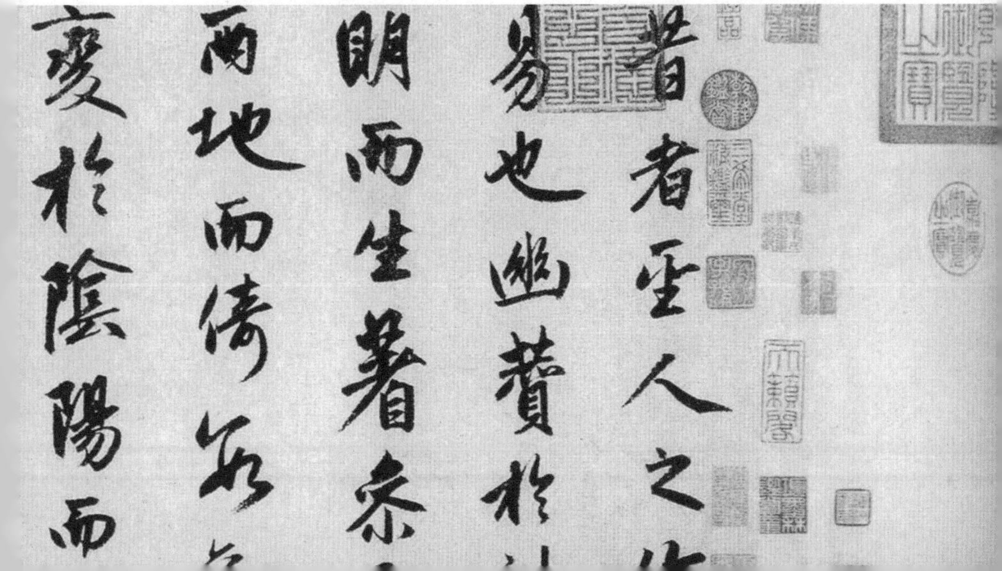

昔者聖人之作
易也幽贊於神
明而生蓍參天

第十六讲

五胡之乱（上）

五胡之乱已经蓄势等待着了，而又有一个八王之乱（八王，谓汝南王亮、楚王玮、赵王伦、齐王冏、长沙王乂、成都王颖、河间王颙、东海王越），做他的导火线。在武帝时，齐王攸颇有觊觎储位之意，然未能有成，惠帝卒立。惠帝是很昏愚的，太后父杨骏执政，皇后贾氏和楚王玮合谋，把他杀掉，而用汝南王亮，又把他杀掉，后又杀楚王，旋弑杨太后。太子遹非后所生，后亦把他废杀。赵王伦时总宿卫，因人心不服，弑后，遂废惠帝而自立。时齐王冏镇许昌，成都王颖镇邺，河间王颙镇关中，连兵攻杀伦。惠帝复位，齐王入洛专政。河间王颙和长沙王乂合谋攻杀之。又和成都王颖合谋，攻杀乂。东海王越把河间、成都两王打败，弑惠帝而立怀帝。此等扰乱之事，在291—306年的十六年间。

羊车游宴

选自《帝鉴图说》法文外销画绘本　（明）佚名　收藏于法国国家图书馆

晋武帝后期贪图安逸，开始纸醉金迷，不理政事，经常驾着羊车在宫内游幸，羊车在哪里停，便在哪个寝宫住下。为了争宠，宫人纷纷在门前挂上竹叶，在地上洒上盐水来吸引羊。晋朝从此逐渐走向衰败。

《金谷园图》轴

（清）华喦　收藏于上海博物馆

西晋时期有个富豪叫石崇，他在洛阳兴建了一座金谷园供自己玩乐。画面中他正专心致志地看着爱妾绿珠吹箫。在赵王司马伦政变后，石崇因不肯将绿珠送给司马伦的手下孙秀，遭到了诛杀。

匈奴单于，自后汉之末失位，入居中国。单于死后，中国分其部众为五，各立酋帅。其中左部最强，中国将其酋帅羁留在邺，以资驾驭，至晋初仍未释放。东海王之兵既起，刘渊说成都王回去合五部之众，来帮他的忙，成都王才释放了他。刘渊至并州，遂自立，是为十六国中的前赵。

然刘渊是个无甚才略的人，自立之后，遂安居不出。羯人石勒，才略却比较优长。

晋元帝司马睿像

选自《三才图会》（明）王圻、王思义

晋武帝从子，东晋开国皇帝。『八王之乱』后期依附于东海王司马越，后经过一番谋划成功登上王位。政治上，晋元帝重用宰相王导，军事上依靠王敦，所以王氏的权势逐渐盛大。时人称之『王与马，共天下』。

东方群盗，尽为所并。名虽服从前赵，实则形同独立。东海王既定京师，出兵征讨，死于军中，其兵为石勒所追败。晋朝遂成坐困之势。310年，刘渊的族子刘曜攻破洛阳，怀帝被虏。明年，被弑。愍帝立于长安。316年，又被虏。明年，被弑。元帝时督扬州，从下邳迁徙到建业，自立，是为东晋元帝。328年，勒灭前赵。

元帝即位之后，要想统一上流的事权，乃派王敦去都督荆州。王敦颇有才能，却又和中央互相猜忌。322年，终于决裂。王敦的兵，入据京城。元帝忧愤而死。子明帝立，颇有才略。乘王敦病死，把其余党讨平。然明帝在位仅三年。明帝崩，子成帝立，年幼，太后庾氏临朝，后兄庾亮执政，和历阳内史苏峻不协。苏峻举兵造反，亮奔温峤于寻阳。温峤是很公忠体国的，邀约荆州刺史陶侃，把苏峻打平。陶侃死后，庾亮出镇荆州。庾亮死后，其弟庾翼、庾冰继之。此时内外的大权，都在庾氏手

陶侃像

选自《古圣贤像传略》清刊本

（清）顾沅/辑录 （清）孔莲卿/绘

陶侃，字士衡，东晋军事将领。晋成帝死后被追赠为大司马，赐谥号『桓』，后世追认『太尉长沙公陶侃』享奠。『八王之乱』时，投靠司马睿，被授为荆州刺史。苏峻、祖约之乱爆发后，陶侃与江州刺史温峤组建了义军，成功讨平叛乱。为了让自己承担起大任，陶侃闲时将100块砖搬到书房外边，然后傍晚再搬回去，为劳筋骨以励己志。

里，所以成帝、康帝之世，相安无事。344年，康帝崩，子穆帝立。明年，庾翼死，表请以其子继任，宰相何充不听，而用了桓温。于是上下流之间，又成对立之势了。

石勒死于333年。明年，勒从子虎杀勒子而自立。349年，石虎死，诸子争立。汉人冉闵为虎养子，性颇勇悍，把石虎诸子尽行诛灭，后下令大诛胡、羯。胡、羯经此打击，就不能再振了。石虎死的前一年，鲜卑慕容皝死，子俊立，乘北方丧乱，侵入中原。冉闵与战，为其所杀。于是河北之地，尽入于慕容氏。

羌酋姚弋仲、氐酋苻洪，其初为后赵所压服的，至此亦乘机自立。苻洪死，子苻健入关。姚弋仲死，其子姚襄降晋，想借晋力以自图发展。晋朝因和桓温互相猜忌，引用了名士殷浩做宰相，想从下流去经略中原。即用姚襄为前锋，反为其所邀击，大败。先是桓温已灭前蜀，至此，遂迫胁朝廷，废掉殷浩，他却出兵北伐，击破了姚襄，恢复洛阳。慕容俊死后，子慕容暐继之，虽年幼无知，然有慕容恪辅政，慕容垂带兵，仍有相当的力量。姚襄败后入关，为秦人所杀，弟苌以众降秦。秦苻健死后，子生无道，为苻坚所弑，自立。

此时燕人频年出兵，洛阳又为所陷。369 年，桓温出兵伐燕，大败于枋头。371 年入朝，行废立之事。康帝崩，子穆帝立。崩，成帝子哀帝立。崩，弟海西公立。至是为桓温所废，而立元帝子简文帝。温以禅让之意，讽示朝臣。谢安、王坦之当国，持之以静。373 年，桓温死。他的兄弟桓冲，是个没有野心的人，把荆州让出，政局乃获暂安。

谢安像

选自《古圣贤像传略》清刊本

（清）顾沅/辑录 （清）孔莲卿/绘

谢安，东晋时期政治家、名士。出身陈郡谢氏的世家大族，居住在秦淮河畔，是三国时期孙权旧部乌衣部队的驻地，世称『乌衣巷』。唐朝刘禹锡《乌衣巷》诗中『旧时王谢堂前燕』的王指的是『王导』家族，『谢』指的便是谢安家族。

第十七讲

五胡之乱（下）

枋头战后，慕容垂因被猜忌出奔。前秦乘机举兵，其明年，前燕竟为所灭。前秦又灭掉前凉，又有统一北方之势，然其根基亦并不是稳固的。此时北方的汉族，产生不出一个强大的政权来，少数的五胡，遂得横行无忌。

苻坚的政策，是把氐人散布四方，行驻防政策，而将其余被征服的异族置之肘腋之下，以便监制。所以当时，苻坚要想伐晋以图混一，他手下的稳健派，如王猛，如其兄弟苻融等，都是反对的。而苻坚志得意满，违众举兵，遂以 383 年大败于淝水。北方异族，乘机纷纷而起。而慕容垂据河北为后燕，姚苌据关中为后秦。苻坚于 385 年为姚苌所杀。子丕，族子登，相继自立，至 394 年，卒为姚苌之子姚兴所灭。此时侵入中原的五胡，已成强弩之末。

自遭冉闵的大屠戮后，胡、羯之势，已不能复振。只有匈奴铁弗氏，根据地在新兴（今山西忻县），还是一个比较完整的部落。拓跋氏自托于黄帝之后，南迁至匈奴故地。这时候，自辽东至今热河东部，都是慕容氏的势力范围。其西为宇文氏，再西就是拓跋氏。慕容氏盛时，宇文氏受其压迫，未能自强，拓跋氏却不然。拓跋氏和匈奴铁弗氏是世仇。

《成功捷报图》
佚名（元）
这幅图的历史背景是『淝水之战』，谢安作为征讨大都督，负责部署战斗。画面中谢安在树下与客人悠闲地下棋，胸有成竹地等待淝水之战的捷报，远处山间有一骑兵正前来送信，可见谢安的运筹帷幄。

395年，慕容垂之子宝伐后魏，大败于参合陂（今山西阳高县）。明年，慕容垂自将伐魏。魏人退出平城，以避其锋。慕容垂入平城，而实无所得。还至参合陂，见前此战败时的尸骸，堆积如山，军中哭声振天，惭愤而死。慕容宝继立。拓跋珪大举来攻，势如排山倒海。慕容宝弃其都城中山，逃到龙城，被弒。少子盛定乱自立，旋亦被弒。弟熙立，因淫虐，为其将冯跋所篡，是为北燕。其宗族慕容德南走广固（今山东益都县西），自立，是为南燕。拓跋珪服寒食散，不复出兵。北方形势，又暂告安静。

南方当这时候，却产生出一种新势力来。当淝水之战前六年，谢玄镇广陵，创立一支北府兵，精锐无匹，而刘牢之为这一支军队的领袖。东晋孝武帝，始信任琅琊王道子，后来又猜忌他，使王恭镇京口，殷仲堪镇江陵以防之。慕容垂死的一年，孝武帝也死了，子安帝立。398年，王恭、殷仲堪同时举兵。道子嗜酒昏愚，而其世子元显，年少有些才气。使人勾结刘牢之倒戈，王恭被杀。殷仲堪并不会用兵，军事都是委任南郡相杨佺期的。而桓温的小儿子桓玄在荆州，仍有势力，此时亦在军中。晋朝乃以杨佺期刺雍州，桓玄刺江州，各给了一个地盘，后来都给桓玄所并。402年，元显乘荆州饥馑，举兵伐玄，刘牢之又倒戈，桓玄入京城，元显和道子都被杀。桓玄得志之后，夺掉了刘牢之的兵权，牢之谋反抗，而手下的人，不满他的屡次倒戈，不肯服从，牢之自缢而死。桓玄以为天下无事了，就废安帝自立。然刘牢之虽死，北府兵中人物尚多。404年，刘裕等起兵讨玄，玄遂败死。安帝复位。刘裕入居中央，掌握政权，一时的功臣，都分布州郡，南方的形势一变。

驼钮金印

驼钮形印章是中央王朝赐给少数民族首领的特殊印章，由黄金浇铸而成。“归义”是慕义归顺的意思，是朝廷对少数民族归顺行为的赞美。

驼钮『晋归义氐王』金印

收藏于甘肃省博物馆

2.3×2.3×3厘米。印面为正方形，篆刻阴文小篆『晋归义氐王』五字。『氐』，西北少数民族，五胡之一。

驼钮『晋归义羌侯』金印

收藏于甘肃省博物馆

2.3×2.3×3厘米。印面为正方形，篆刻阴文小篆『晋归义羌侯』五字。『羌』，西北少数民族，五胡之一。

409年，刘裕出兵灭南燕。至417年，复大举以灭后秦。当时刘裕后方的机要事务，全是交给心腹刘穆之的，这时候，刘穆之忽然死了，刘裕放心不下，只得留一个小儿子义真镇守长安。诸将心力不齐，长安遂为夏所陷。420年，刘裕篡晋，是为宋武帝。三年而崩。子少帝立，为宰相徐羡之等所废，迎立其弟文帝。自北府兵创立至此，不足五十年，南方新兴的一种中心势力，复见衰颓。北魏拓跋珪自立，是为道武帝。道武帝末年，势颇不振。子明元帝，亦仅谨守河北。明元帝死，子太武帝立，复强。431年，灭夏。436年，灭燕。凉州之地，亦皆为其所吞并。天下遂分为南北朝。

留衲戒奢

选自《帝鉴图说》法文外销画绘本

（明）佚名　收藏于法国国家图书馆

《宋书·徐湛之传》记载，南朝宋高祖刘裕，小时候家境贫寒，只能穿着满是补丁的衲袄砍柴。等刘裕登上帝位后，他将这件衣物传承到子孙后代手里，希望他们能勤俭节约，戒除奢侈，时刻不忘先辈的创业艰辛。

第十八讲

南北朝的始末

南北朝的对立，起于420年宋之代晋，终于589年隋之灭陈，共一百七十年。其间南北的强弱，以宋文帝的北伐失败及侯景的乱梁为两个重要关键。

宋初虽失关中，然现在的河南、山东，还是中国之地。宋武帝死后，魏人乘丧南伐，而文帝失之于轻敌。430年，遣将北伐，魏人敛兵河北以避之，宋朝兵力并不足坚守。至冬，魏人大举南下，所得之地复失。文帝经营累年，至450年，又大举北伐。魏太武帝反乘机南伐，所过之处，赤地无余，而北强南弱之势，亦于是乎形成。

453年，宋文帝为其子劭所弑。劭弟孝武帝，定乱自立。死后，子前废帝无道，为孝武弟明帝所废。明帝死后，大权遂为萧道成所窃。479年，道成遂篡宋自立，是为齐高帝。在位四年。子武帝，在位十一年。高、武二帝，都很节俭，政治较称清明。武帝太子早卒，立太孙郁林王，为武帝兄子明帝所废。明帝大杀高、武二帝子孙。明帝死后，子东昏侯立。后东昏侯之弟宝融立，是为和帝。旋传位于梁，此事在502年。

笑祖俭德

选自《帝鉴图说》法文外销画绘本 （明）佚名
收藏于法国国家图书馆

宋孝武帝刘骏是南朝宋的第五位皇帝，在位期间曾拆除宋武帝刘裕住过的阴室，准备改建成玉烛殿。当时阴室的旧屋床头还有一截土墙，上面挂着麻葛灯笼和麻线蝇拂。侍中袁顗看后，赞美刘裕节俭朴素，而刘骏则说：『老农（对刘裕的蔑称）有这些东西，已经足够富裕了。』

金莲布地

选自《帝鉴图说》法文外销画绘本　（明）佚名　收藏于法国国家图书馆

东昏侯萧宝卷做了南朝齐的第六位皇帝，荒淫奢侈。为了讨宠妃潘玉儿的欢心，他命工匠把黄金打制成莲花形状，一朵一朵贴在地上，让潘妃赤足在上面行走，萧宝卷称赞道：『这真是步步生莲花呀。』

北魏太武帝，侥幸占据了北方，然其根本之地，实在平城，其视中国，不过一片可以榨取利益之地而已，所以也不再图南侵。反之，平城附近，为其立国根本之地，却不可不严加维护。所以魏太武帝要出兵征伐柔然、高车，且于北边设立六镇，配以高门子弟，以厚其兵力。

孝文帝是后魏一个杰出人物。他仰慕中国的文化，一意要改革旧俗。但在平城，终觉得环境不甚适宜。乃于493年，迁都洛阳。断北语，改姓氏，禁胡服，奖励鲜卑人和汉人通婚，自此以后，鲜卑人就渐和汉人同化了。

孝文帝传子宣武帝至孝明帝。年幼，太后胡氏临朝。荒淫纵恣，把野蛮民族的病态，悉数现出。中原之民，苦于横征暴敛，群起叛乱。有一个部落酋长，唤作尔朱荣，起而加以镇定。胡太后初为其亲信元义等所囚，后和明帝合谋，把他们诛灭。又和明帝不协。明帝召尔朱荣入清君侧，已而又止之。胡太后惧，弑明帝。尔朱荣举兵入洛，杀胡太后而立孝庄帝。然其人起于塞外，缺乏政治手腕，以为只要靠兵力屠杀，就可以把人压服。当其入洛之日，就想做皇帝，乃纵兵士围杀朝士两千余人。居民惊惧，逃入山中，洛阳只剩得一座空城。尔朱荣无可如何，只得退居晋阳，遥执朝权。然其篡谋仍不息。孝庄帝乃利用宣传为防御的工具。当尔朱荣篡谋急时，孝庄帝就散布他要进京的消息，百姓就逃走一空，尔朱荣只得自止。530年，孝庄帝自藏兵器把尔朱荣刺死。其侄儿尔朱兆，举兵弑帝，别立一君。然尔朱兆是个鲁莽之夫，其宗族中人，亦与之不协。532年，其将高欢起兵和尔朱氏相抗，尔朱兆逃至秀容川（在今山西朔县），为高欢所掩杀。其余尔朱氏诸人亦都被扑灭。高欢入洛，废尔朱氏所立，而别立孝武帝。534年，孝武帝举兵讨欢，为宇文泰所弑。于是高欢、宇文泰，各立一君，魏遂分为东、西。550年，东魏为高欢子洋所篡，是为北齐文宣帝。557年，西魏为宇文泰之子觉所篡，是为北周孝闵帝。

纵酒妄杀

选自《帝鉴图说》法文外销画绘本　（明）佚名

收藏于法国国家图书馆

北齐文宣帝高洋嗜好喝酒，醉后就胡作非为，杀人取乐。宰相杨愔心怀不忍，只好挑选一些犯下死罪的囚犯，关在宫内专室，供高洋醉后取乐，名为『供御囚』。

华林纵逸
选自《帝鉴图说》法文外销画绘本 （明）佚名 收藏于法国国家图书馆
北齐后主高纬在华林园建造了一个贫穷村庄，自己则扮作乞丐在里面弹琵琶行乞，自以为乐。高纬所弹的曲子充满哀伤，却起名为《无愁曲》，所以民间称他为『无愁天子』。

当东、西魏分裂后，高欢、宇文泰曾剧战十余年，彼此都不能逞志，而其患顾中于梁。547年，高欢死，其子高澄，嗣为魏相。其将侯景不服，遂举其所管之地来降。梁武帝使子渊明往援，为魏所败，渊明被擒。侯景逃入梁境，梁朝不能制。旋又中魏人反间之计，想牺牲侯景，与魏言和。侯景遂反，进陷台城，梁武帝忧愤而崩，时为549年。子简文帝立，551年，为侯景所弑。武帝子湘东王绎即位于江陵，是为元帝。时陈武帝陈霸先自岭南起兵勤王。元帝使其与王僧辩分道东下，把侯景诛灭。至元帝即位后，武陵王纪亦称帝于成都（纪，武帝子），举兵东下。元帝亦求救于西魏，西魏袭陷成都。武陵王前后受敌，遂败死。而元帝又与西魏失和。554年，西魏陷江陵，元帝被害。魏人徙岳阳王詧于江陵，使之称帝，而对魏则称臣，是为西梁。王僧辩、陈霸先立元帝之子方智于建康，是为敬帝。而北齐又送渊明回国，王僧辩战败，遂迎立之。陈霸先讨杀僧辩，奉敬帝复位。557 年，遂禅位于陈。陈武帝智勇足备，卓然不屈，替汉族保存了江南之地。

舍身佛寺

选自《帝鉴图说》法文外销画绘本　（明）佚名　收藏于法国国家图书馆

梁武帝萧衍是南朝梁的开国皇帝。他晚年信奉佛教，不仅著佛书数百卷，还入法座讲经，陆续有过四次出家，群臣总共花费几亿银两才将他赎回。

陈武帝即位后三年而崩。无子，传兄子文帝。文帝死后，弟宣帝，废其子废帝而代之。北方则北齐文宣、武成二帝，均极荒淫。而北周武帝，颇能励精图治。至577年，齐遂为周所灭。明年，武帝死，子宣帝立，又荒淫。传位于子静帝，大权遂入后父杨坚之手。581年，坚废静帝自立，是为隋文帝。自西晋覆亡以来，北方至此才复建立汉人统一的政权。此时南方的陈后主，亦极荒淫。589年，为隋所灭。西梁则前两年已被灭。天下复见统一。

两晋、南北朝之世，是向来被看作黑暗时代的，其实亦不尽然。这一时代，只政治上稍形黑暗，社会的文化，还是依然如故。谈玄学佛，成为全国文化的重心。这时候的异族，除血统之外，几乎已经说不出其和汉族的异点了。一到隋唐时代，而所谓五胡，便已泯然无迹，良非偶然。

玉树新声

选自《帝鉴图说》法文外销画绘本　（明）佚名　收藏于法国国家图书馆

陈后主陈叔宝是南朝陈的末代皇帝，他在位期间荒废朝政，醉心诗文和音乐，还亲自创作了《玉树后庭花》等作。史料记载，陈后主每天与嫔妃、文臣宴饮，制作艳词，然后让人谱曲演唱。

第十九讲

南北朝隋唐间塞外的形势

漠南北之地，对于中国是一个最大的威胁。继匈奴而居其地的为鲜卑。自五胡乱华以来，鲜卑纷纷侵入中国。依旧保持完整的只有一个拓跋氏，然亦不过在平城附近。其余的地方都空虚了，铁勒乃乘机入据。鲜卑侵入中原后，铁勒踵之而入漠北。后魏道武帝之兴，漠南零星的部落，几于尽被吞并。只有一个柔然不服，为魏太武帝所破，逃至漠北，臣服铁勒，借其众以抗魏。魏太武帝又出兵把它打破。将降伏的铁勒迁徙到漠南。这一支，历史上特称为高车，其余则仍称铁勒。南北朝末年，柔然又强了。东、西魏和周、齐都竭力敷衍它。后来阿尔泰山附近的突厥强盛。552年，柔然为其所破。突厥遂征服漠南北，继承了柔然的地位，依旧受着周、齐的敷衍。

《职贡图》 （南朝梁）萧绎\原作 此为宋人摹本 收藏于国家博物馆

描绘的是使者朝贡时的形象。原图共35国使，现存为残卷，仅12个，从右至左依次为滑国、波斯、百济、龟兹、倭国、狼牙修、邓至、周古柯、呵跋檀、胡密丹、白题、末国的使者。展现了南北朝时期我国与世界其他国家友好往来的繁荣景象。

百濟國使

倭國使

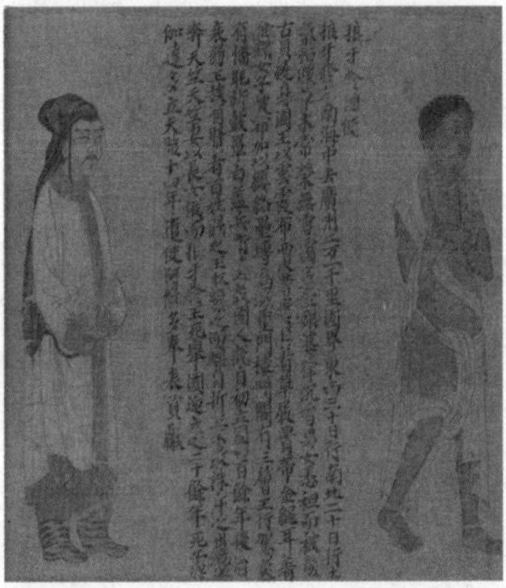

有功爲與之親漢
部索虜入居桑乾滑猶爲小國屬芮芮齊時始走莫獻而居後強
征其旁國破波斯盤盤罽賓焉耆龜茲疏勒于闐句盤國開
千里其土溫暖多山川少樹木有五穀國人以麨及羊肉爲糧獸有師子
兩腳駱駝野驢有角人善騎射着小袖長身袍金玉爲絡帶女人被長裘頭
刻木爲角長六尺金銀飾之少女子兄弟共妻無城郭廬屋爲居東向
開戶其王坐金床隨太歲轉與妻並坐接客無文字以木爲契刻
約物數與旁國通則使旁國胡爲胡書羊皮爲紙無職官所降小國仕
其王爲祿事天神每日則出戶祀神而後食其跪一拜而止止即爲

东北的文明，大略以辽东、辽西和汉平朝鲜后所设立的四郡为界线。自此以南，为饱受中国文明的貉族。自此以北，则为未开化的满族，汉时称为挹娄，南北朝、隋、唐时称为勿吉，亦作靺鞨。貉族专向朝鲜半岛发展，其中一个部落，唤作高句丽的，自中国对东北实力渐衰，遂形成一个独立国。慕容氏侵入中原后，高句丽尽并辽东之地，侵略且及于辽西。其支族又于其南建立一个百济国。半岛南部的三韩，自秦时即有汉人杂居，谓之“秦韩”。后亦自立为国，谓之“新罗”。高句丽最强大，其初新罗、百济，尝联合以御之，后百济转附高句丽，新罗势孤，乃不得不乞援于中国。

南方海路的交通，益形发达。前后印度及南洋群岛，入贡于中国的很多。中国热心于佛学，高僧往印度求法，和彼土高僧来中国的亦不少。高句丽、百济，亦自海道通南朝。此时代的关系：在精神方面，自以印度的佛教为最大；在物质方面，则西南洋一带，香药、宝货和棉布等，输入中国的亦颇多。

佛教艺术品

南北朝时期，佛教与中国传统雕塑相结合，形成了繁荣的佛教雕塑艺术，北齐和北魏等国建造了众多佛塔、菩萨像等，材质均为石灰岩。现用一组图加以展示，都收藏于美国大都会艺术博物馆。

北齐彩绘石雕四佛塔

241.3厘米×171.5厘米

北齐北响堂山中窟彩绘石雕菩萨头像

81.3厘米 ×44.5厘米

北魏石灰石弥勒佛碑

114.3厘米 ×37.5厘米 ×28.3厘米

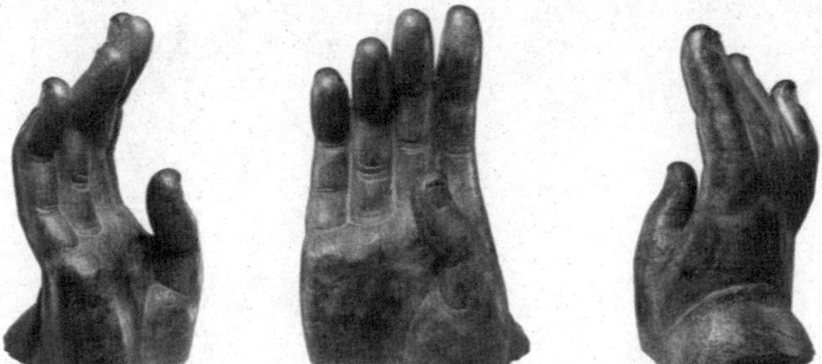

北齐北响堂山北窟石雕佛手

52.1厘米 ×38.1厘米 ×50.8厘米

第二十讲

隋朝和唐朝的盛世

北朝的君主，有荒淫暴虐的，也有励精图治的，前一种代表了胡风，后一种代表了汉化。隋文帝是后一种的典型。他勤于政事，又能躬行节俭。突厥狃于南北朝末年的积习，求索无厌。文帝决然定计征伐，大破其兵。又离间其西方的达头可汗和其大可汗沙钵略构衅，突厥由是分为东、西。文帝又以宗女妻其东方的突利可汗。其大可汗都蓝怒，攻突利。突利逃奔中国，中国处之夏、胜二州之间（夏州，在今陕西横山县北。胜州，在今绥远鄂尔多斯左翼后旗黄河西岸），赐号为启民可汗。都蓝死，启民因隋援，臣服于隋。

隋文帝的太子勇，是具有胡化性质的。其次子炀帝，却又具有南朝君主荒淫猜忌的性质。太子因失欢于文帝后独孤氏被废。炀帝立，以洛阳为东都。开通济渠，使其连接邗沟及江南河。又使裴矩招致西域诸胡，又诱西突厥献地，设立西海、河源、鄯善、且末四郡，谪罪人以实之。又于611年、613年、614年，三次发兵伐高句丽，天下骚动，乱者四起。618年，为其下所弑。其时北方的群雄，以河北的窦建德、河南的李密为最大。而唐高祖李渊，于617年起兵，西据关中，又平定河西、陇右，形势最为完固。炀帝死后，其将王世充拥众北归，据洛阳。李密为其所败，降唐。又出关谋叛，为唐将所击斩。唐兵围洛阳，窦建德来救，唐兵大败擒之，世充亦降。隋亡后约十年，而天下复定。

隋文帝像

选自《历代帝王像》（清）姚文瀚 收藏于美国纽约大都会艺术博物馆

隋朝开国皇帝。在位期间政绩卓著，政治上正式设立分科考试制度；经济上设置粮仓、改革货币；文化上倡导汉化，复兴佛教。

剪彩为花

选自《帝鉴图说》法文外销画绘本 （明）佚名 收藏于法国国家图书馆

隋炀帝在位时，曾在宫中修建了西园，内造十六院，安排十六位四品夫人入住。院中种植着名花异草，等冬天花叶凋零，便用彩纸剪成其形状，就连池塘中都要剪彩为荷花，极其奢侈浪费。

游幸江都

选自《帝鉴图说》法文外销画绘本 （明）佚名 收藏于法国国家图书馆

隋炀帝喜欢游玩，常常带着庞大的船队去江都。为了满足随行人员的享乐，隋炀帝命两岸百姓献食，剩余的饭菜则被白白扔掉，使得百姓叫苦连天。

唐太宗立像

选自《历代帝后像》轴 （宋）佚名 收藏于中国台北「故宫博物院」

李世民是唐高祖李渊次子。在位期间，虚心纳谏，知人善用，厉行节约，重视法治，开创了「贞观之治」的治世局面。

唐朝开国之君虽为高祖，然其事业，大部分是太宗做的。高祖传位于太宗，遂开出627—649年的二十三年间的“贞观之治”。隋唐时的制度，如官制、选举、赋税、兵、刑等，亦都能将前代的制度加以整理。

唐太宗勤政爱民的典故

选自《帝鉴图说》法文外销画绘本 （明）佚名 收藏于法国国家图书馆

弘文开馆

唐太宗在殿旁开设弘文馆，下朝后就与天下文人学士讲古论今，讨论政事。

上书粘壁

唐太宗把上书的奏章中言之有理的部分粘在墙壁上，方便每天查阅警醒。

敬贤怀鹞

唐太宗在玩鹞子时，正巧魏徵前来奏事，为表敬重，将鹞子藏于袖中，最后被闷死怀中。

纳箴赐帛

唐太宗得到了一篇名为《大宝箴》的谏书，很是受用，重加赏赐了上谏之人。

纵囚归狱

唐太宗曾亲自审问犯人，后心生怜悯而放犯人归家，限他明年秋天再来赴死。犯人感恩戴德，如期而至。

览图禁杖

唐太宗看《明堂针灸书》中提到，人的五脏皆贴于脊背，打背恐致伤亡，于是下令衙门不许打犯人的背部。

剪须和药

唐太宗听闻大臣李勣得了暴病，需用胡须烧成灰做药引，于是剪下自己的胡须为其治病。

撤殿营居

唐太宗敬重大臣魏徵，听闻他的宅子没有厅堂，便用原本给自己建造宫殿的材料给他盖了厅堂。

突厥因隋末之乱，复强盛。北边崛起的群雄，都尊奉它，唐高祖初起时亦然，突厥益骄。天下既定，赠遗不能满其欲，就连年入寇，北边几千里，无处不被其患。太宗因其饥馑和属部的离叛，于630年，发兵袭击，擒其颉利可汗。突厥的强盛，本来是靠铁勒归附的。此时铁勒诸部，以薛延陀、回纥为最强。突厥既亡，薛延陀继居其地。644年，太宗又乘其内乱加以剪灭。回纥徙居其地，事中国颇谨。

唐时，有一个部落，是从印度迁徙到雅鲁藏布江流域的，是为吐蕃。

其英主弃宗弄赞（松赞干布），太宗时始和中国交通，尚宗女文成公主，开西藏佛化的先声。太宗又通使于印度。只有高句丽，太宗自将大兵去伐它，仍未能有功。直至663年、668年两年，高宗才乘其内乱，把百济和高句丽先后灭掉。

《步辇图》卷

（唐）阎立本

收藏于北京故宫博物院

这幅画描绘的是吐蕃使者禄东赞觐见唐太宗的场景。其内容反映的是吐蕃王松赞干布迎娶文成公主的历史事件。图中的唐太宗神情庄重，周围簇拥着神态各异的侍女。禄东赞则谦恭有礼。

因国威之遐畅，而我国的文化，和别国的文化，就起了交流互织的作用。东北一隅，自高句丽、百济平后，新罗即大注意于增进文化。日本亦屡遣通唐使，带了许多僧侣和留学生来。南方虽是佛化盛行之地，然安南在此时，仍为中国的郡县，替中国在南方留了一个文化的据点。西方则大食帝国勃兴于此时，其疆域东至葱岭。大食在文化上是继承古希腊，而为欧洲近世的再兴导其先路的。中国和大食，政治上无甚接触，而在文化上则彼此颇有关系。回教的经典和历数等知识，都早经输入中国。就是末尼教和基督教，也是受了回教的压迫，才传播到东方来的。而称为欧洲近世文明之源的印刷术、罗盘针、火药，亦都经中国人直接传入回教国，再经回教国人之手，传入欧洲。

唐三彩

唐三彩是盛行于唐朝的陶器，釉彩以黄、绿、白三色为主，故称之为『唐三彩』。其光泽明亮，色彩斑斓，艺术价值极高，还反映了唐朝文化上的繁荣。据考证，在丝绸之路、地中海沿岸和西亚的一些国家都曾出土了唐三彩的文物。图中实物均被收藏于美国纽约大都会博物馆。

唐三彩钵　7厘米×9.2厘米

唐三彩水罐　高5.1厘米

唐三彩盒　4厘米×9.2厘米

唐三彩罐　高5.4厘米

第二十一讲

唐朝的中衰

唐朝对外的威力，以高宗时为极盛，然其衰机亦肇于是时。高宗即位之初，还能遵守太宗的成规，所以永徽之政，史称其比美贞观。655年，高宗惑于才人武氏，废皇后王氏而立之。武后本有政治上的才能，高宗又因风眩之故，委任于她，政权遂渐入其手。高句丽、百济及西突厥，虽于此时平定，而吐蕃渐强。吐谷浑为其所破，西域四镇，亦被其攻陷，唐朝的外患，于是开始。683年，高宗崩，子中宗立。明年，即为武后所废，徙之房州（今湖北竹山县），立其弟豫王旦。690年，又废之，改国号为周，自称则天皇帝。后以宰相狄仁杰之言，召回中宗，立为太子。705年，宰相张柬之等乘武后卧病，结宿卫将，奉中宗复位。

武则天像

选自《无双谱》（清）金古良

武则天系武周开国君主，中国历史上唯一的女皇帝。传说她还在襁褓中时，被母亲谎称为男婴让工于相术的袁天罡替她看相，袁天罡看后，惊叹道：『若为女子，前程不可限量，将来必为天下之主！』之后武则天果真称帝，在位期间，知人善用，广开言路。神龙元年（705），宰相张柬之拥立唐中宗复辟，武则天退位。

武后虽有才能，可是宅心不正。她是一种只计维持自己的权势地位，而不顾大局的政治家。当其握有政权之时，滥用禄位，以收买人心；又任用酷吏，严刑峻法；骄奢淫逸的事情，更不知凡几，以致政治大乱。

突厥余众复强，其默啜可汗公然雄踞漠南北，和中国对抗。甚至大举入河北，残数十州县。契丹酋长李尽忠，亦一度入犯河北，中国不能讨，幸其为默啜所袭杀，乱乃定。因契丹的反叛，居于营州的靺鞨（营州，今热河朝阳县，为唐时管理东北异族的机关），就逃到东北，建立了一个渤海国。高句丽、百济旧地，遂全入新罗之手。西南方面，青海对吐蕃的战事，却屡次失利。中宗是个昏庸之主，他在房州，虽备尝艰苦，复位之后，却毫无觉悟，并不能铲除武后时的恶势力。皇后韦氏专权，和武后的侄子武三思私通，武氏因此复盛。张柬之等反遭贬谪而死。韦后的女儿安乐公主，中宗的婕妤上官婉儿，亦都干乱政治。710 年，中宗为韦后所弑。相王旦之子临淄王隆基定乱而立相王，是为睿宗。立隆基为太子。武后的女儿太平公主仍干政，惮太子英明，要想摇动他。幸而未能有成，太平公主被谪，睿宗亦传位于太子，是为玄宗。玄宗用姚崇为相，廓清从武后以来的积弊。又用宋璟及张九龄，亦都称为能持正。自 713—741 年，史家称为“开元之治”。

斜封除官

选自《帝鉴图说》法文外销画绘本　（明）佚名

收藏于法国国家图书馆

唐中宗李显在位时期，皇后韦氏参与朝政，纵容女儿安乐公主卖官鬻爵，贩夫走卒只需三十万钱便可升官，这种行为被称为『斜封官』。

听谏散鸟

选自《帝鉴图说》法文外销画绘本 （明）佚名 收藏于法国国家图书馆

唐玄宗经常派官员去江南捕捉水鸟，养在宫中。刺史倪若水上谏道：江南百姓忙于耕作，捕获水鸟会导致劳民伤财。于是唐玄宗听取谏言将鸟放生，不再采捕。

唐玄宗李隆基像

选自《历代帝王圣贤名臣大儒遗像》册 （清）佚名 收藏于法国国家图书馆

唐高宗李治与武则天之孙。唐玄宗英明果断，励精图治，开创了唐朝的『开元盛世』。后期宠爱杨贵妃，重用安禄山，引发了由安禄山与史思明共同背叛的一场政变『安史之乱』，因发生在天宝年间，又称为『天宝之乱』。

《杨贵妃出浴图》

（清）顾见龙　收藏于克利夫兰美术馆

图中杨贵妃刚刚出浴，身披着红色纱衣，婀娜多姿。唐代诗人白居易在《长恨歌》中写道：『春寒赐浴华清池，温泉水滑洗凝脂。侍儿扶起娇无力，始是新承恩泽时。』

玄宗末年，突厥复衰乱，744年，乘机灭之；连年和吐蕃苦战，把中宗时所失的河西九曲之地亦收复，国威似乎复振。然自武后已来，荒淫奢侈之习，渐染已深。玄宗初年，虽能在政治上略加整顿，实亦堕入其中而不能自拔。中岁以后，遂渐即怠荒。宠爱杨贵妃，把政事都交给一个奸佞的李林甫。李林甫死后，又用一个善于夤缘的杨国忠。天宝之乱，就无可遏止了。

《贵妃上马图》（元）钱选　收藏于美国弗利尔美术馆

画中描绘的是唐玄宗与贵妃杨玉环准备出游的场景。杨贵妃在侍从的搀扶下上马，唐玄宗则坐在马上宠溺地望向杨贵妃，表达了对她的极度宠爱。

唐朝的盛衰，以安史之乱为关键。安史之乱，皇室的腐败只是一个诱因，其根源是别有所在的。（一）唐朝的武功从表面看，虽和汉朝相等，但此乃世运进步使然，以经营域外的实力论，唐朝实非汉朝之比。汉武帝时，攻击匈奴，前后凡数十次；以至征伐大宛，救护乌孙，都是仗自己的实力去摧破强敌。唐朝的征服突厥、薛延陀等，则多因利乘便，且对外多用番兵。玄宗时，府兵制度业已废坏，而吐蕃、突厥都强，契丹势亦渐盛。欲图控制、守御，都不得不加重边兵，所谓藩镇，遂兴起于此时，天下势成偏重。（二）胡字本是匈奴的专称，后渐移于一切北族。冉闵大诛胡、羯时，史称高鼻多须，颇有滥死，可见此时之胡，已非尽匈奴人。唐玄宗时，北边有康待宾、康愿子相继造反，牵动颇广，康亦是西域姓。

宠幸番将

选自《帝鉴图说》法文外销画绘本　（明）佚名　收藏于法国国家图书馆

史料记载，唐玄宗曾在勤政楼上设宴，特意在御座东面放置了一张金鸡彩障和一个坐榻，命番将安禄山坐于此处，百官则坐于两旁，表现出对安禄山的特别优待。

唐朝对待被征服的异族，亦和汉朝不同。汉朝多使之入居塞内，唐朝则仍留之于塞外，而设立都护府或都督府去管理它。所以唐朝所征服的异族虽多，未曾引起像五胡乱华一般的杂居内地的异族之患。然环伺塞外的异族既多，当其种类昌炽，而中国政治力量减退时，就不免有被其侵入的危险了。而安史之乱，就是一个先期的警告。安禄山，他本姓康，随母嫁虏将安延偃，因冒姓安。安、康都是西域姓。史思明，《唐书》虽说他是突厥种，然其状貌，“鸢肩伛背，嵚目侧鼻”，怕亦是个混血儿。安禄山和史思明，都能通六番译，为互市郎，可见其兼具西胡和北族两种性质。当时安禄山的主要任务，为镇压奚、契丹。当目睹玄宗晚年政治腐败，内地守备空虚，遂起觊觎之念。755 年，自范阳举兵反。不一月而河北失陷，河南继之，潼关亦不守，玄宗逃向成都。于路留太子讨贼，太子西北走向灵武（灵州治，今宁夏灵武县），即位，是为肃宗。安禄山虽有强兵，却无政治方略，诸将亦都有勇无谋，既得长安之后，不能再行进取。朔方节度使郭子仪（朔方军，治灵州），乃得先平河东，就借回纥的兵力，收复两京（长安、洛阳）。安禄山为其子庆绪所杀。九节度之师围庆绪于邺。因号令不一，久而无功。史思明既降复叛，自范阳来救，九节度之师大溃。思明杀庆绪，复陷东京。李光弼与之相持。思明又为其子朝义所杀。唐朝乃得再借回纥之力，将其打平。此事在 762 年。其时肃宗已死，是代宗的元年了。安史之乱首尾不过八年，然对外的威力自此大衰，内治亦陷于紊乱，唐朝就日入于衰运了。

《仿明皇幸蜀图》轴　（明）仇英　收藏于中国台北『故宫博物院』

画中描绘了安史之乱后，叛军攻陷唐都长安，唐玄宗被迫仓皇出逃到蜀地的场景。

第二十二讲

唐朝的衰亡和沙陀的侵入

因安史之乱而直接引起的，是藩镇的跋扈。唐朝此时，兵力不足，平定安史，颇借回纥的助力。铁勒仆骨部人仆固怀恩，于引用回纥颇有功劳，亦有相当的战功。他要养寇自重，于是昭义、成德、天雄、卢龙诸镇（昭义军，治相州，今河南安阳县。成德军，治恒州，今河北正定县。天雄军，治魏州，今河北大名县。卢龙军，即范阳军），均为安史遗孽所据，名义上虽投降朝廷，实则不奉朝廷的命令。

自玄宗再灭突厥后，回纥占据其地。因有助平安史之功，骄横不堪。而吐蕃亦乘中国守备空虚，尽陷河西、陇右，患遂中于京畿。又云南的南诏，天宝时，杨国忠与之构兵，南诏遂投降吐蕃，共为边患，患又中于西川。

779年，代宗崩，子德宗立，颇思振作。后德宗因屡遭叛变，不敢相信臣下。回京之后，使宦官带领神策军。这时候，神策军饷糈优厚，诸将多自愿隶属，兵数骤增至十五万，宦官就从此握权。805年，德宗崩，子顺宗立。顺宗在东宫时，即深知宦官之弊。即位后，用东宫旧臣王叔文等，想要除去宦官。然顺宗在位仅八个月，即传位于子宪宗，王叔文等都遭斥逐，其系为宦官所逼，不言而喻了。宪宗任用裴度，削平了淮西，河北三镇亦惧而听命。然宪宗死后，穆宗即位，宰相以为河北已无问题，对善后事宜，失于措置，河北三镇，遂至复叛，终唐之世，不能削平。穆宗崩，敬宗立，为宦官刘克明所弑。宦官王守澄讨贼而立文宗。文宗初用宋申锡为宰相，与之谋诛宦官，不克。之后文宗受制于宦官，几同傀儡。文宗死后，弟武宗靠着仇士良之力，杀太子而自立。武宗能任用李德裕，政治尚称清明。宣宗立，尤能勤于政事，人称之为小太宗。然于宦官，亦都无可如何。宣宗死后，子懿宗立。

不受贡献

选自《帝鉴图说》法文外销画绘本　（明）佚名　收藏于法国国家图书馆

唐宪宗李纯刚即位时，各地纷纷献上奇珍异宝，唐宪宗一概拒绝，并下诏杜绝这种行为。

论字知谏

选自《帝鉴图说》法文外销画绘本　（明）佚名　收藏于法国国家图书馆

唐穆宗很喜欢翰林学士柳公权写的字，曾当面询问他写得好的原因。公权回答：心正，字便正。借此来劝谏穆宗要行事端正。

便殿击球

选自《帝鉴图说》法文外销画绘本　（明）佚名　收藏于法国国家图书馆

唐敬宗即位后，朝政荒废，经常游乐嬉闹。图中唐敬宗正和宦官们一起打球，旁边还有乐工负责奏乐助兴。

焚香读疏

选自《帝鉴图说》法文外销画绘本　（明）佚名　收藏于法国国家图书馆

唐宣宗在位期间乐于纳谏，每当要查阅大臣们的奏章时，都会先焚香洗手，以表敬意。

唐朝中叶后的外患，最严重的是回纥、吐蕃，次之则南诏。南诏的归服吐蕃，本出于不得已，吐蕃待之亦甚酷。9 世纪初，韦皋为西川节度使，乃与之言和，共击吐蕃，西南的边患，才算解除。840 年，回纥为黠戛斯所破，遽尔崩溃。吐蕃旋亦内乱。849 年，中国遂克复河、湟，河西之地亦来归。三垂的外患，都算靠天幸解除了。然自身的纲纪不振，沙陀突厥遂至能以一个残破的部落而横行中国。

沙陀是西突厥的别部，名为处月。西突厥亡后，依北庭都护府以居（今新疆迪化县）。其地有大碛名沙陀，故称为沙陀突厥。河西、陇右既陷，朝贡路绝，假道回纥，才得通到长安。回纥因此需索无厌。沙陀苦之，密引吐蕃陷北庭。久之，吐蕃又疑其暗通回纥，想把它迁到河外。沙陀乃又投奔中国。吐蕃追之，且战且走。节度使范希朝以闻，诏处其众于盐州（今宁夏盐池县北）。后移镇河东（治太原府，今山西太原县），沙陀又随往，希朝简其精锐的为沙陀军。既定徐、泗之乱，其酋长朱邪赤心，赐姓名为李国昌，镇守大同（治云州，今山西大同县）。873 年，懿宗崩，子僖宗立。年幼，信任宦官田令孜。875 年，王仙芝起兵作乱，黄巢聚众应之。后来仙芝被杀，而黄巢到处流窜。田令孜挟僖宗走西川。黄巢遂入长安，时为 880 年。当黄巢横行时，藩镇都坐视不肯出兵剿讨。京城失陷之后，各路的援兵又不肯进攻。不得已，就只好再借重沙陀。先是李国昌移镇振武（今绥远和林格尔县），其子李克用叛据大同，为幽州兵所败，父子都逃入鞑靼（居阴山）。这时候，国昌已死，朝廷乃赦李克用的罪，召他回来。打败黄巢，收复长安。李克用镇守河东，沙陀的根据地更深入腹地了。

黄巢既败，东走攻蔡州。蔡州节度使秦宗权降之。后来黄巢被李克用追击，为其下所杀。朝廷之上，宦官依然专横。关内一道，亦均为军人所盘踞。在此情势之下，汉民族有一个英雄，能够和沙陀抵抗的，那便是朱全忠。全忠本名温，是黄巢的将，巢败后降唐，为宣武节度使（治汴州，今河南开封县）。僖宗死于888年，弟昭宗立，颇为英武。朱全忠其初是不问中央的事务，一味扩充自己实力的。到10世纪初年，全忠的势力已经远超出乎李克用之上了。唐朝的宰相崔胤，乃结合了他，以谋宦官。宦官见事急，挟昭宗走凤翔。全忠围凤翔经年，把皇帝救出。昭宗回到京城，就把宦官悉行诛灭了。

宦官既亡，唐朝亦与之同尽。903年，朱全忠迁帝于洛阳，弑之而立其子昭宣帝。至907年，遂废之而自立，是为梁太祖。此时海内割据的：淮南有杨行密，是为吴。两浙有钱镠，是为吴越。湖南有马殷，是为楚。福建有王审知，是为闽。岭南有刘岩，是为南汉。剑南有王建，是为前蜀。遂入于五代十国之世。

闽王王审知像

选自《历代帝王圣贤名臣大儒遗像》册（清）佚名　收藏于法国国家图书馆

五代十国时期闽开国国君。唐朝末年强盗群起，王审知家境又贫困，无奈之下，王审知和两位兄长王潮、王审邽都加入了王绪起义军。王审知平易近人，关心士卒，而且还重视军民关系，所以很受士兵和人民的爱戴。

第二十三讲

五代十国的兴亡和契丹的侵入

《骑射图》（五代）李赞华　收藏于中国台北「故宫博物院」

图中人物是契丹人，他的头顶剃光了头发，只在四周蓄发，后面是两根细辫，称为「髡发」。服饰也与中原汉服的右衽不同，他的衣襟从左侧开，为左衽。他手持弓箭，似乎在做猎前的准备。

自840年顷回纥崩溃后，漠南北遂无强部，约历七十年而契丹兴。契丹，大约是宇文氏的遗落。6世纪初，曾遭到北齐的一次袭击，休养生息，到隋时元气才渐复。7世纪末，又因李尽忠的反叛而大遭破坏。一直到唐末才兴起。契丹之众，是分为八部的。每部有一个大人。八个大人之中，公推一人司旗鼓。到年久了，或者国有疾疫而畜牧衰，则另推一个大人替代。他各部落间的连结，大概是很薄弱的，要遇到战斗的事情，才能互相结合，这或者也是它兴起较晚的一个原因。

内乱是招引外族侵入中国的，又是驱逐本国人流移到外国去的。大抵（一）外国的文明程度低而人数少，而我们移殖的人数相当多时，可以把他们完全同化；（二）在人数上我们比较很少，而文明程度相去悬绝时，移殖的人民，就可在他们的部落中做蛮夷大长；（三）若他们亦有相当的程度，智识技术上，虽然要请教于我，政治和社会的组织，却决不容以客族侵入而握有权柄的，则我们移殖的人民，只能供他们之用，甚至造成了他们的强盛。在前代，中国人的移殖属于前两型的居多，到近世，就多属于后一种了，而契丹就是一个适例。契丹太祖耶律阿保机，据《五代史》说，亦是八部大人之一。10世纪之初，幽州刘守光暴虐，中国人逃出塞的很多。契丹太祖都把他们招致了去，好好地抚慰他们，因而跟他们学得了许多知识，经济上和政治组织上，都有进步了。就以计诱杀八部大人，不再受代。916年，并废遥辇氏而自立。

梁太祖的私德，是有些缺点的，然而私德只是私德，社会的情形复杂了，论人的标准，自亦随之而复杂，政治和道德、伦理，岂能并为一谈？就篡弑，也是历代英雄的公罪，岂能偏责一人？老实说：当大局阽危之际，只要能保护国家、抗御外族、拯救人民的，就是有功的政治家。当一个政治家要尽他为国为民的责任，而前代的皇室成为其障碍物时，岂能守小信而忘大义？惜乎天不假年，梁太祖篡位后仅六年而遇弑。末帝定乱自立，柔懦无能，而李克用死后，其子存勖袭位，颇有英锐之气。梁、晋战争，梁多不利。923年，两军相持于郓州（今山东东平县），晋人乘梁重兵都在河外，以奇兵径袭大梁，末帝自杀，梁亡。存勖是时已改国号为唐，于是定都洛阳，是为后唐庄宗。

中原之地，遂为沙陀所占据。

宠幸伶人

选自《帝鉴图说》法文外销画绘本（明）佚名　收藏于法国国家图书馆

后唐庄宗李存勖是后唐的开国皇帝，他从小精通音律，所以极其宠幸伶人。图中的庄宗正与伶人在庭院载歌载舞。

后唐庄宗，本来是个野蛮人，灭梁之后，自然志得意满。于是纵情声色，宠爱伶人，听信宦官，政治大乱。925 年，使宰相郭崇韬傅其子魏王继岌伐前蜀，把前蜀灭掉。天雄军据邺都作乱。庄宗派李克用的养子李嗣源去征伐。李嗣源的军队也反了，胁迫李嗣源进了邺城。嗣源用计，得以脱身而出。旋又听了女婿石敬瑭的话，举兵造反。庄宗为伶人所弑。嗣源立，是为明宗。明宗年事较长，经验亦较多，所以较为安静。933 年，明宗死，养子从厚立，是为闵帝。时石敬瑭镇河东，明宗养子从珂镇凤翔，闵帝要把他们调动，从珂举兵反。闵帝派出去的兵，都倒戈投降。闵帝出奔被杀。从珂立，是为废帝。又要调动石敬瑭，敬瑭又反。废帝鉴于闵帝的失败，预备了一个不倒戈的张敬达，然后就把石敬瑭围困了起来。敬瑭乃派人到契丹去求救，许割燕云十六州之地。他手下的刘知远劝他：只要赂以金帛，就可如愿，不可许割土地，以遗后患。敬瑭不听。此时契丹太祖已死，次子太宗在位，举兵南下，反把张敬达围困起来，废帝不能救。契丹太宗和石敬瑭南下，废帝自焚死。敬瑭定都于大梁，是为晋高祖，称臣割地于契丹。

942 年，晋高祖死，兄子重贵立，是为出帝。听了侍卫景延广的话，对契丹不复称臣，交涉亦改强硬态度。此时契丹已改国号为辽。辽兵南下，战事亦互有胜负。但石晋国力疲敝，于是晋将杜重威降辽，辽人入大梁，执出帝而去，时在 946 年。辽太宗是个粗人，不懂得政治。既入大梁，便派人到各地方搜括财帛，又多派他的亲信到各地方去做刺史，汉奸附之以虐民。辽人的行军，本来是不带粮饷的，大军中另有一支军队，随处剽掠以自给，谓之打草谷军，入中国后还是如此。于是反抗者四起。辽太宗无如之何，只得弃汴梁而去，未出中国境而死。太宗本太祖次子，因皇后述律氏的偏爱而立。其兄突欲（汉名倍），定渤海后封于其地，谓之东丹王。东丹王奔后唐，辽太宗入中国时，为晋人所杀，述律后第三子李胡，较太宗更为粗暴，辽人怕述律后要立他，就军中拥戴了东丹王的儿子，是为世宗。世宗在位仅四年，太宗之子穆宗继立，沉湎于酒，政治大乱，北边的风云，遂暂告宁静。

契丹虽然退出，中原的政权，却仍落沙陀人之手。刘知远入大梁称帝，是为后汉高祖。未几而死，子隐帝立。950年，为郭威所篡，是为后周太祖。中原的政权，始复归于汉人。后汉高祖之弟旻，自立于太原，称侄于辽，是为北汉，亦称东汉。后周太祖立四年而死，养子世宗立。北汉乘丧来伐，世宗大败之于高平（今山西高平县）。先是吴杨行密之后，为其臣李昪所篡，改国号为唐，是为南唐。而后唐庄宗死后，西川节度使孟知祥攻并东川而自立，是为后蜀。李昪之子璟，乘闽、楚之衰，将其吞并，意颇自负；孟知祥之子昶，则是一个昏愚狂妄之人，都想交结契丹，以图中原，世宗要想恢复燕、云，就不得不先膺惩这两国。

南唐李后主李煜像

选自《历代帝王圣贤名臣大儒遗像》册（清）佚名 收藏于法国国家图书馆

李煜是南唐末代君王。精通书法、绘画、音律、诗词。他的诗词受花间派的影响，词境优美，代表作有《浪淘沙令·帘外雨潺潺》《相见欢·无言独上西楼》等。

唐代藩镇之弊，总括起来，是“地擅于将，将擅于兵”八个字。一地方的兵甲、财赋，固为节度使所专，中央不能过问。尤其当更代之际，无论是亲子弟，或是资格相当的人，也必须要得到军中的拥戴，否则就有被杀或被逐的危险。节度使如失众心，亦会为其下所杀。又有野心的人，煽动军队，饵以重赏，推翻节度使而代之的。唐中叶以后的藩镇，所以坐视寇盗的纵横而不能出击；明知强邻的见逼，也只得束手坐待其吞并；一遇强敌，其军队即土崩瓦解，其最大的原因，实在于此。周世宗本就深知其弊，于是将禁军大加裁汰，又令诸州募兵，将精强的送至京师，其军队乃焕然改观，而其政治的清明，亦足以与之相配合，于是国势骤张。先伐败后蜀，又伐南唐。959 年，遂举兵伐辽，恢复了瀛、莫、易三州，直逼幽州。此时正值契丹中衰之际，倘使周世宗不死，燕云十六州，是很有恢复希望的。惜乎世宗在途中遇疾，只得还军，未几就死了。嗣子幼弱，明年，遂为宋太祖所篡。

《韩熙载夜宴图》（五代南唐）顾闳中原作　此为宋人摹本　收藏于北京故宫博物院
图中描绘的是南唐名臣韩熙载设宴行乐的画面，有琵琶演奏、观舞、宴间休息、清吹、欢送宾客五段场景。当时的南唐内忧外患，韩熙载以夜夜笙歌来逃避现实。

南唐韓熙載齊人也朱溫時以進士登第與鄉
人史虛白在嵩岳聞先主輔政順義六年易姓
名為商賈偕虛白渡淮歸建康並補郡從事
而虛白不就退隱廬山熙載詞學博贍然率
性自任頗躭聲色不事名檢先主不加進擢洎
嗣位遷祕書郎嗣主于東宮元宗即位累遷
兵部侍郎及後主嗣位頗疑北人多以死之且懼
遂放意杯酒間竭其財致妓樂殆百數以自汙
後主屢欲相之聞其揉雜即罷常與太常博
士陳致雍門生舒雅紫微朱銑狀元郎粲教
坊副使李家明會飲李之妹按胡琴公為擊鼓
女妓王屋山舞六么屋山俊惠非常二妓公最愛之
幼令出家号凝酥素質後主每伺其家宴命畫
一顧宏中輩丹青以進既而黜為左庶子分司南
都盡逐群妓乃上表乞留後主復留之闕下不數
日群妓復集飲逸如故月俸至則為衆妓分有既
而日不能給嘗與衣弊作瞽者持獨弦琴俾舒

《雪夜访普图》轴

（明）刘俊　收藏于北京故宫博物院

画面描绘的是宋太祖赵匡胤雪夜拜访赵普，与他商讨国家大事的场景。图中赵普恭敬地拱手作答，宋太祖侧首聆听，歌颂了贤君礼贤下士的美德。

宋太祖的才略，亦和周世宗不相上下，或者还要稳健些。他大约知道契丹是大敌，燕、云一时不易取，而这时候割据诸国，非弱即乱，取之颇易，所以要先平定了国内，然后厚集其力以对外。从梁亡后，其将高季兴据荆、归、峡三州自立（荆州，今湖北江陵县。归州，今湖北秭归县。峡州，今湖北西陵县），是为南平。而楚虽为唐所灭，朗州亦旋即独立（朗州，今湖南常德县）。962 年宋太祖因朗州和衡州相攻击（衡州，今湖南衡山县），遣人来求救，遣兵假道南平前往，把南平和朗州都灭掉（衡州先已为朗州所破）。965 年，遣兵灭后蜀。971 年，遣兵灭南汉。975 年，遣兵灭南唐。是年，太祖崩，弟太宗立。976 年，吴越纳土归降。明年，太宗遂大举灭北汉。于是中国复见统一。

第二十四讲

唐宋时代中国文化的转变

在历史上，最威胁中国的是北族。它们和中国人的接触，始于公元前4世纪秦、赵、燕诸国与北方的骑寇相遇，至6世纪之末五胡全被中国同化而告终结，历时约一千年。其第二批和中国的交涉，起于4世纪后半铁勒侵入漠南北，至10世纪前半沙陀失却在中国的政权为止，历时约六百年。从此以后，塞外开发的气运，暂向东北，辽、金、元、清相继而兴。这三大批北族，其逐渐移入中国，为中国人所同化。

先秦时代的学术，是注重于矫正社会病态的，所谓“拨乱世，反之正”，实不仅儒家，而为各家通有的思想。魏晋以后，文化乃渐转向，不向整体而向分子方面求解决。他们所讨论的，不是社会的组织如何，使人生于其间，能够获得乐利，可以做个好人，而是人性究竟如何？是好的？是坏的？用何法，把坏人改作好人，使许多好人聚集，而好的社会得以实现？这种动机，确和佛教相契。

韩愈像

选自《至圣先贤半身像》 收藏于中国台北「故宫博物院」

韩愈，唐朝文学家、思想家。他致力于复兴儒学，倡导古文运动，反对佛教、道教。当时的唐宪宗信佛，曾派使者去凤翔迎佛骨，韩愈听说后，不顾个人安危上书《论佛骨表》，劝谏宪宗烧毁佛骨。

但凡是和生活不相合的，凭你说得如何天花乱坠，事情一到和大多数人的生活相矛盾，就是它的致命伤。物极必反，到唐朝佛学极盛时，此项矛盾开始发展了，于是有韩愈的辟佛。他的议论很粗浅，不过在常识范围中批评佛说而已。到宋儒，才在哲学上取得一个立足点。他们仍把社会看作是各分子所构成的，仍以改良个人为改良社会之本；要改良个人，还是注重在内心上，这些和佛学并无疑异。所不同的，则佛家认为世界的现状，根本是坏的，若其所谓好的世界而获实现，则现社会的组织，必彻底被破坏。宋学则认为现社会的组织，根本是合理的，只因为人不能在此组织中，各处于其所当处的地位，各尽其所应尽的责任，以致不好。而其所认为合理的组织，则是一套封建社会和农业社会中的道德、伦理和政治制度。宋儒治心的方法，是有很大价值的，但其治世的方法，则根本不可用。不过在当时，中国的思想界，只能在先秦诸子和玄学、佛学两种思想中抉择去取、融化改造，是只能有这个结果的，而文化进化的趋向，亦就不得不受其指导。

在君主专制政体下，政治上的纲纪所恃以维持的，就是所谓君臣之义。这种纲纪，是要秩序安定，人心也随着安定，才能够维持的。所以宋儒要竭力提倡气节，之后士大夫的气节，确实是远胜于前代。但宋儒（一）因其修养的工夫，偏于内心，而处事多疏；（二）其持躬过于严整，而即欲以是律人，因此，其取人过于严格，而有才能之士，皆为其所排斥；（三）又其持论过高，往往不切于实际；（四）意气过甚，则易陷于党争。党争最易使人动于感情，失却理性，就使宅心公正，也不免有一班好名好利的伪君子，不恤决裂的真小人混进去。所以宋儒根本是不适宜于做政治事业的。

程朱理学

宋朝之后，由程颢、程颐、朱熹等人发展而来的儒家流派，他们认为理是万物的起源。新儒学在宋真宗的推崇下不断发展，不仅兴办学院，还重视科考。

程颢像

选自《历代帝王圣贤名臣大儒遗像》册

（清）佚名 收藏于法国国家图书馆

北宋理学家，理学的奠基者。提出了『格物致知』的主张，认为只有探究万物，才能发现『理』。

程颐像

选自《历代帝王圣贤名臣大儒遗像》册

（清）佚名 收藏于法国国家图书馆

程颐与其兄程颢，世称『二程』。北宋理学家。两人师从周敦颐，之后建立了自己的理学体系，在洛阳讲学传授，建立学派『洛学』。

朱熹像

选自《历代帝王圣贤名臣大儒遗像》册

（清）佚名 收藏于法国国家图书馆

南宋理学家、诗人。朱熹以『二程』的理本论为基础，吸收了佛教、道教等思想，主张理气论，是理学集大成者，被尊为『朱子』。所著《四书集注》还被明清两代作为科举考试的内容。朱熹也是唯一非孔子亲传弟子而享祀孔庙之人。

这时候，外有强敌的压迫，最主要的事务，就是富国强兵，而宋儒却不能以全力贯注于此。最需要的，是严肃的官僚政治，而宋学家好作诛心之论，而忽略形迹；又因党争而淆乱是非，则适与之相反。宋学是不适宜于竞争的，而从11世纪以来，中国的文化，却受其指导，那无怪其要迭招外侮了。

第二十五讲

北宋的积弱

五代末年，契丹是新兴之国，颇不容易对付，所以宋太祖要厚集其力以对付它。契丹的立国，是合部族、州县、属国三部分而成的。属国仅有事时量借兵粮，州县亦仅有益于财赋，只有部族，才可以真正算是契丹的国民。它们都在指定的地方，从事于畜牧。举族皆兵，一闻令下，立刻聚集，而且一切战具，都系自备。马既多，而其行军又不带粮饷，到处剽掠自资，所以其兵多而行动极速。985 年，契丹大举深入，宋朝受威胁殊甚。1004 年，辽圣宗奉其母入寇，至澶州（今河北濮阳县）。真宗听了宰相寇准的话，御驾亲征，才算把契丹吓退。然毕竟以岁币成和（银十万两，绢二十万匹）。宋朝开国未几，国势已陷于不振了。

《获鹿图》

（五代）李赞华 收藏于美国纽约大都会艺术博物馆

图中一名猎人在骑马射鹿，画面中的鹿正仰头嘶吼，用尽全力地奔跑。《史记·淮阴侯列传》中记载：『秦失其鹿，天下共逐之。』所以之后历代帝王都喜欢狩猎鹿，来展现自己逐鹿中原、夺取天下的雄心壮志。

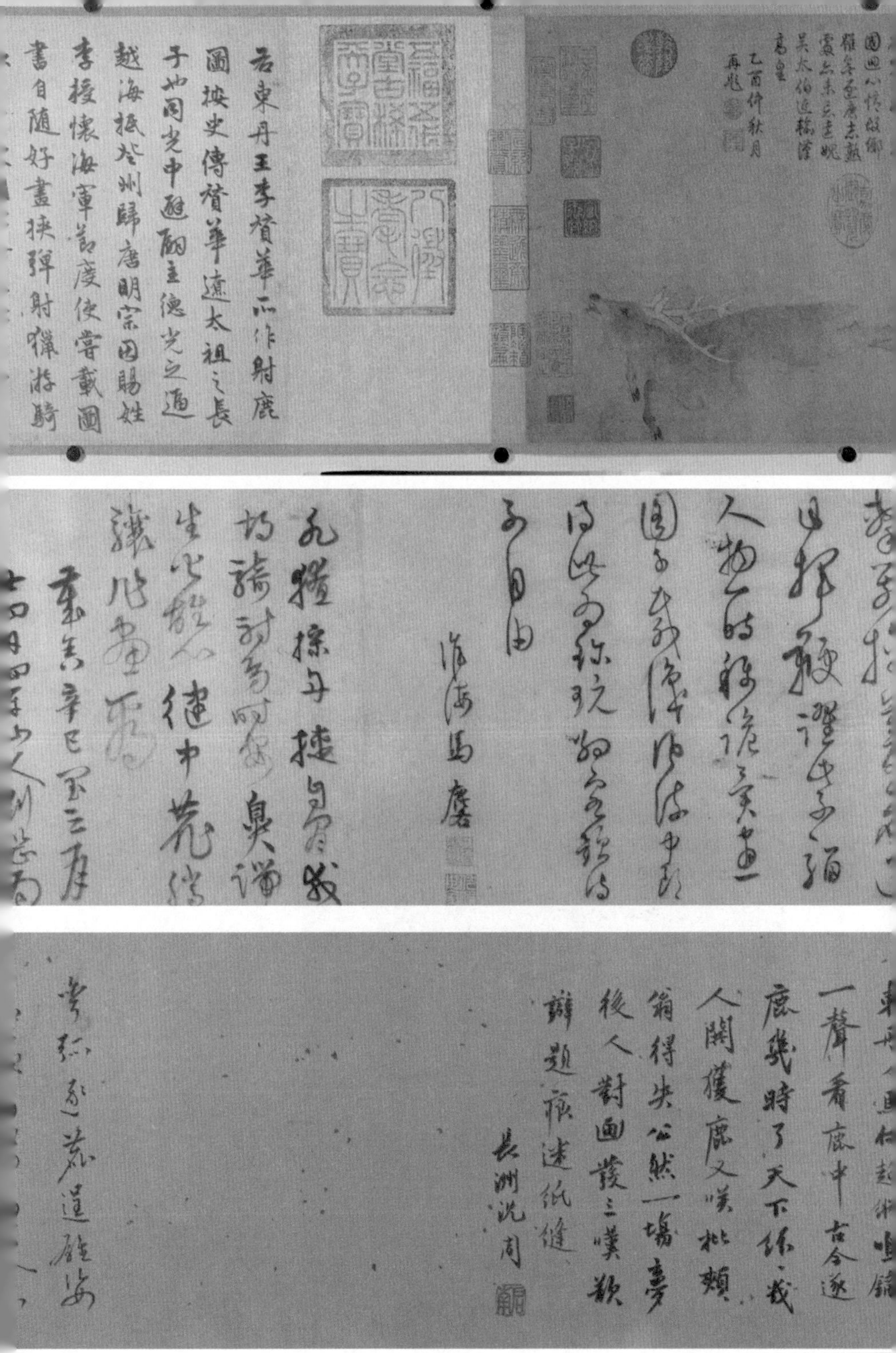
右東丹王李贊華所作射鹿
圖按史傳贊華遼太祖之長
子也同光中避嗣主德光之逼
越海抵登州歸唐明宗因賜姓
李授懷海軍節度使嘗載圖
書自隨好畫挾彈射獵游騎
長洲沈周

而西夏之乱又起。党项酋长拓跋，于唐太宗时归化，传八世至继捧，于宋太宗的时候来降，而其弟继迁叛去，袭据银州和灵州，降于辽，宋朝未能平定。继迁传子德明，征服了河西，拓地愈广。1022 年，真宗崩，仁宗立。1034 年，德明之子元昊反，兵锋颇锐。到 1044 年，才以岁赐成和（银、绢、茶、彩，共二十五万五千）。此时辽圣宗已死，兴宗在位，年少气盛，先两年，遣使来求关南之地，宋朝亦增加了岁币（增银十万两，绢十万匹），然后和议得以维持。仁宗在位岁久，政颇宽仁，然亦极因循腐败。1063 年，仁宗崩，英宗立，在位仅四年。神宗继之，乃有用王安石变法之事。

宋仁宗宽仁、节俭的典故

以下各图均选自《帝鉴图说》法文外销画绘本　（明）佚名　收藏于法国国家图书馆

改容听讲

宋仁宗刚即位时，宰相王曾希望宋仁宗多亲近师儒之官，于是派学士孙奭、冯元进给皇帝讲授《论语》。当宋仁宗心不在焉的时候，孙奭便端拱而立，停住不讲，宋仁宗见状十分惭愧，便收敛住自己的懒惰心思，用心听讲。

受无逸图

学士孙奭每天给宋仁宗讲学，将《书·无逸》中记载的帝王勤政恤民的事迹，画成一幅《无逸图》。宋仁宗很喜欢，便将这幅画挂在了讲读阁中，还命蔡襄在屏风上书写『无逸』二字，日日观览，来提醒自己不要贪图安逸。

不喜珠饰

宋仁宗时期，宫内人特别喜欢珍珠首饰，一时间珍珠物价飞涨。宋仁宗觉得十分奢侈，于是故意对着头戴珍珠的张贵妃说：『珍珠太白了，有不祥之意。』张贵妃赶紧换下珍珠，宋仁宗才面露喜悦。珍珠的价格终于大减。

夜止烧羊

史书记载，宋仁宗曾半夜饿得睡不着觉，本想让御膳房烧羊肉吃，但又怕以后御膳房规定为定例，会天天准备上烤羊肉，最后白白浪费食物，于是作罢。

王安石的变法，旧史痛加诋毁，近来的史家，又有曲为辩护的，其实都未免有偏。王安石所行的政事，都是不错的。但行政有一要义，即所行之事，必须要达到目的。安石所行的政事，不能说他全无功效，然引起的弊端极大，则亦不容为讳。宋朝当日，相须最急的，是富国强兵。王安石改革的规模颇大，其结果：裁汰冗兵，确是收到很大效果的，所置的将兵，则未必精强，保甲尤有名无实，而且所引起的骚扰极大。1085 年，神宗崩，子哲宗立。神宗之母高氏临朝，起用旧臣，尽废新法。其死后，哲宗亲政，复行新法，谓之“绍述”。

1100 年，哲宗崩，徽宗立，徽宗亲政后，仍倾向于新法。而其所用的蔡京，则是反复于新旧两党间的巧宦。徽宗性极奢侈，蔡京则搜括了各方面的钱，去供给他浪用，政治情形一落千丈。王安石为相时，曾用王韶征服自唐中叶以后杂居于今甘、青境内的蕃族，这可说是进取西夏的一个预备。然神宗用兵于西夏却不利。哲宗时，继续筑寨，进占其地。夏人力不能支，请辽人居间讲和。宋因对辽有所顾忌，只得许之。总之：宋朝此时的情势，已岌岌难支，幸辽、夏亦已就衰，暂得无事，而塞外有一个新兴民族崛起，就要大祸临头了。

宋神宗赵顼像

选自《历代帝王像》（清）姚文瀚　收藏于美国纽约大都会艺术博物馆

北宋第六位皇帝。神宗为了改变国家积贫积弱的现状，命王安石负责变法改革，史称『熙宁变法』。

宋徽宗赵佶像

选自《历代帝王像》（清）姚文瀚 收藏于美国纽约大都会艺术博物馆

北宋第八位皇帝。宋徽宗在位期间政治腐败，绘画艺术却得到了空前发展。他不仅培养了王希孟、张择端等一批杰出的画家，还创造了书法字体——『瘦金体』。

金朝的先世，便是古代的所谓肃慎，南北朝、隋、唐时的靺鞨。宋以后则称为女真。其主要的部落，在今松花江流域。女真的文明程度，是很低的，到渤海时代，才一度开化。金朝的始祖，名唤函普，是从高句丽旧地，入居生女真的完颜部，而为其酋长的。部众受其教导，渐次开化。其子孙又以渐征服诸部族，势力渐强。而辽自兴宗后，子道宗立，政治渐乱。道宗死，子天祚帝立，荒于游畋。女真本厌辽人的羁轭，天祚帝遣使到女真部族中去求名鹰，骚扰尤甚，遂致激起女真的叛变。金太祖完颜阿骨打，于1114年，起兵与辽相抗。契丹控制女真的要地黄龙府、咸州、宁江州（黄龙府，今吉林农安县。咸州，今辽宁铁岭县。宁江州，在吉林省城北），次第失陷。天祚帝自将大兵东征，因有内乱西归。旋和金人讲和，又迁延不定。东京先陷，上京及中、西两京继之。（上京临潢府，在今热河开鲁县南。中京大定府，在今热河建昌县。东京辽阳府，今辽宁辽阳县。南京析津府，即幽州。西京大同府，即云州。）南京别立一君，意图自保，而宋人约金攻辽之事又起。先是童贯当权，闻金人攻辽屡胜，意图侥幸。遣使于金，求其破辽之后，将石晋所割之地，还给中国。金人约以彼此夹攻，得即有之。而童贯进兵屡败，乃又求助于金。金太祖自居庸关入，把南京攻下。太祖旋死，弟太宗立。天祚帝辗转漠南，至1125年为金人所获，辽亡。

宋朝本约金夹攻的，此时南京之下，仍借金人之力，自无坐享其成之理，乃输燕京代税钱一百万缗，并许给岁币，金人遂以石晋所割之地来归。女真此时，虽不以地狭为忧，却不免以土满为患。于是军行所至，颇以掳掠人口为务。燕京被掳的人民，流离道路，过平州时，求辽降将张觉做主。张觉就据地来降。这是一件很重大的交涉。宋朝当时，应该抚恤其人民，而对于金朝，则另提出某种条件，以足其欲而平其愤。到金人来诘责，则又手忙脚乱，把张觉杀掉，函首以畀之。

辽朝灭亡之年，金朝便举兵南下。宗翰自云州至太原，为张孝纯所阻，而宗望自平州直抵汴京。时徽宗已传位于钦宗。初任李纲守御，然救兵来的都不能解围。不得已，许割太原、中山、河间三镇（中山，今河北定县。河间，今河北河间县）；宋主称金主为伯父；并输金五百万两，银五千万两，牛、马万头，表缎百万匹讲和。宗望的兵才退去。宗翰听闻宗望得了赂，也使人来求赂。宋人不许。宗翰怒，攻破威胜军和隆德府（威胜军，今山西沁县。隆德府，今山西长治县）。宋人认为背盟，下诏三镇坚守。契丹遗臣萧仲恭来使，招降契丹降将耶律余睹。于是宗翰、宗望再分道南下，两路都抵汴京。徽、钦二宗，遂于1127年北狩。金朝这时候，是断没有力量再占据中国土地的，所希望的，只是有一个傀儡，供其驱使而已。乃立宋臣张邦昌为楚帝，退兵而去。张邦昌自然是要靠金朝的兵力保护，然后能安其位的。金兵既去，只得自行退位。而宋朝是时，太子、后妃、宗室多已被掳，只得请哲宗的废后孟氏出来垂帘。这时候的民族主义，自然还要联系在忠君思想上，于是孟后下诏，命高宗在归德（今河南商丘县）正位。

第二十六讲

南宋恢复的无成

金兵既退，宗泽招降群盗，以守汴京。高宗既不能听他的话还跸，又不能驻守关中或南阳，而南走扬州。1129年，金宗翰、宗望会师濮州（在今山东濮县），分遣娄室入陕西。其正兵南下，前锋直打到扬州。高宗奔杭州（今浙江杭县）。明年，金宗弼渡江，自独松关入（在今安徽广德县东），高宗奔明州（今浙江鄞县）。金兵再进迫，高宗逃入海。金兵亦入海追之，不及乃还。其西北一路，则宋朝任张浚为宣抚使，以拒娄室，而宗弼自江南还，亦往助娄室。浚战败于富平（今陕西兴平县），陕西遂陷。

宋高宗赵构像

选自《历代帝王像》（清）姚文瀚 收藏于美国纽约大都会艺术博物馆

南宋开国皇帝。宋高宗在面临金人的侵略时，一边任用岳飞、韩世忠等发兵抵抗，一边又任用汪伯彦、秦桧等人负责对金讲和，最后达成绍兴和议。

其时宗泽已死，汴京失陷，金人乃立宋降臣刘豫于汴，畀以河南、陕西之地。刘豫却想靠着异族的力量反噬，几次发兵入寇，却又都败北。在金人中，宗弼是公忠体国的，挞懒却骄恣腐败。秦桧是当金人立张邦昌时，被金人捉去的。后来以赐挞懒。秦桧从海路逃归。秦桧的意思，是偏重于对内的。高宗既无进取的雄才，自然意见与之相合，于是用为宰相。1137 年，刘豫为宗弼所废。秦桧乘机，使人向挞懒要求，把河南、陕西之地，还给宋朝。挞懒允许了。明年，遂以其地来归。而金朝突起政变。1139 年，宗弼回上京（今吉林阿城县）。挞懒南走。至燕京，为金人所追及，被杀。和议遂废。宗弼再向河南，娄室再向陕西。宋朝此时，兵力已较南渡之初稍强。宗弼前锋至顺昌（今安徽阜阳县），为刘锜所败。岳飞从湖北进兵，亦有郾城之捷（今河南偃城县）。而高宗、秦桧执意言和，把诸将召还，和金人成立和约：东以淮水，西以大散关为界（在陕西宝鸡县南）；岁奉银、绢各二十五万两、匹；宋高宗称臣于金，可谓屈辱极了。

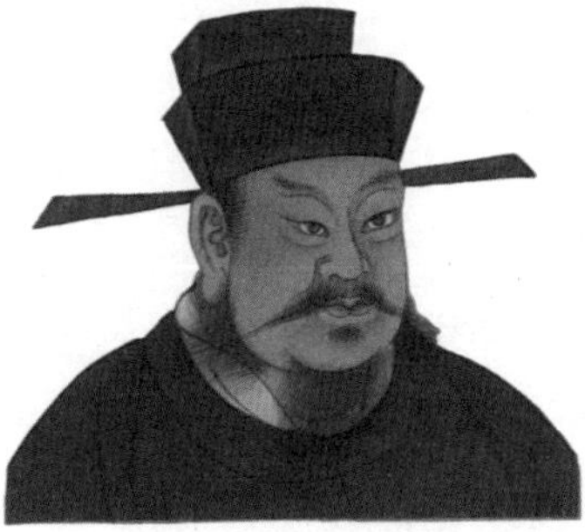

岳飞像

选自《历代帝王圣贤名臣大儒遗像》册　（清）佚名　收藏于法国国家图书馆

南宋抗金名将。岳飞文武双全，不仅率领『岳家军』抵御金军数次，还写出了爱国名篇《满江红》：『怒发冲冠，凭栏处、潇潇雨歇。抬望眼，仰天长啸，壮怀激烈。三十功名尘与土，八千里路云和月。莫等闲、白了少年头，空悲切。』可惜在宋高宗和金人求和时，岳飞遭构陷而被处死。

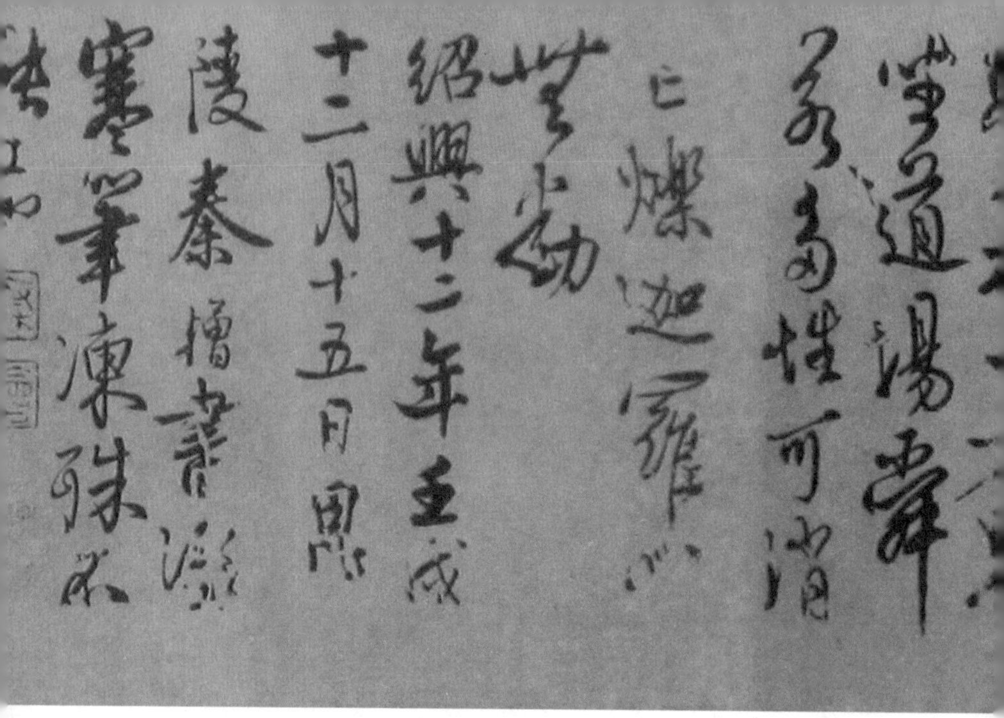

金太宗死后，太祖之孙熙宗立，以嗜酒昏乱，为其从弟海陵庶人所弑，此事在1149年。海陵更为狂妄，迁都于燕，后又迁都于汴。1160年，遂大举南侵。以其暴虐过甚，兵甫动，就有人到辽阳去拥立世宗。海陵闻之，欲尽驱其众渡江，然后北还。至采石矶，为宋虞允文所败。改趋扬州，为其下所弑，金兵遂北还。1162年，高宗传位于孝宗。孝宗颇有志于恢复，任张浚以图进取。浚使李显忠进兵，至符离（集名，在今安徽宿县）大败。1165年，以岁币各减五万，宋主称金主为伯父的条件成和。

1194年，孝宗传位于光宗。此时金世宗亦死，子章宗立，北边颇有叛乱，金朝的国势渐衰。同年，孝宗崩，光宗不能出而持丧，人心颇为疑惑。宰相赵汝愚，因阁门使韩侂胄，请于高宗后吴氏，扶嘉王扩

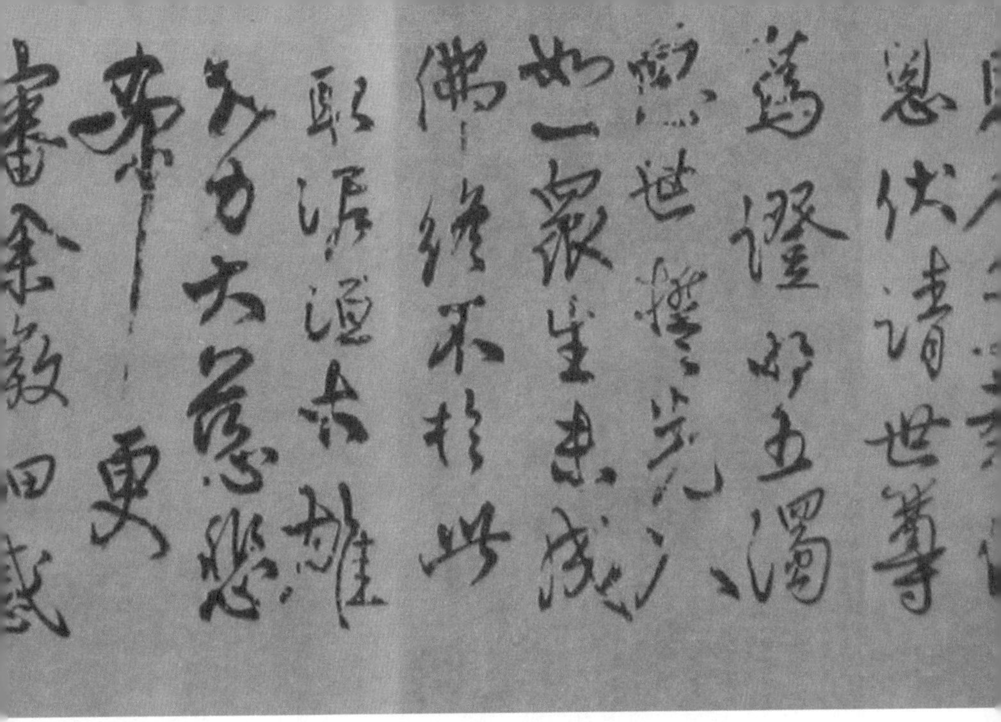

《深心帖》（宋）秦桧

秦桧是南宋宰相，抗金战役的主和派。他的字帖自然流畅，用笔舒展，颇有气势。不过他的书法虽好，但因向金人割地求和、纳贡，还污蔑并害死了抗金名将岳飞，所以后世称他为奸臣。

内禅，是为宁宗。韩侂胄排去赵汝愚，代为宰相。1206 年，遂贸然北伐。谁想金兵虽弱，宋兵亦不强。兵交之后，襄阳和淮东西州郡，次第失陷。韩侂胄又想谋和，而金人复书，要斩侂胄之首，和议复绝。皇后杨氏，本和韩侂胄有隙，使其兄次山，勾结侍郎史弥远，把韩侂胄杀掉，函首以畀金。1208 年，以增加岁币银、绢为三十万两、匹的条件成和。和议成后两年，金章宗死，世宗子卫绍王立。其明年，蒙古侵金，金人就一败涂地。可见金朝已势成弩末，宋朝并没有急于讲和的必要了。

蒙古本室韦部落，但其后来和鞑靼混合，所以蒙人亦自称为鞑靼。成吉思汗少时，漠南北诸部错列，且其内部分裂，成吉思汗备受同族的龉龁。但他有雄才大略，收合部众，又与诸部落合纵连横，至 1206 年，漠南北诸部，悉为所征服。1210 年，成吉思汗伐夏，夏人降。其明年，遂伐金。1218年，成吉思汗用兵于西域，金人乃得少宽。这时候，宋朝亦罢金岁币。而此时金人，财政困难，对于岁币，亦不肯放弃，或者还希冀战胜了可以向宋人多胁取些，于是两国开了兵衅。又因疆场细故，与夏人失和，兵力益分而弱。1224年，宣宗死，哀宗立，才和夏人以兄弟之国成和，而宋朝卒不许。其时成吉思汗亦已东归，蒙古人的兵锋，又转向中原了。1227年，成吉思汗围夏，未克而死。遗命秘不发丧，把夏人灭掉。1229年，太宗立。明年，复伐金。太宗使其弟拖雷假道于宋，宋人不许。拖雷就强行通过，自汉中、襄、郧而北，大败金人于三峰山（在河南禹县）。太宗亦自白坡渡河（在河南孟津县），使速不台围汴。十六昼夜不能克，乃退兵议和。旋金兵杀蒙古使者，和议复绝。金哀宗逃到蔡州。宋、元复联合以攻金。1234年，金亡。

金亡之前十年，宋宁宗崩，无子。史弥远援立理宗，仍专政。金亡前一年，史弥远死，贾似道继之。金亡之后，宋朝人倡议收复三京（宋东京即大梁，南京即宋州，西京为洛阳，北京为大名），入汴、洛而不能守。1241年，蒙古太宗死。1246年，定宗立。三年而死。1251年，宪宗方立。蒙古此时，所致力的还是西域，而国内又有汗位继承之争，所以未能专力攻宋。至1258年，各方粗定，宪宗乃大举入蜀。忽必烈已平吐蕃、大理，亦东北上至鄂州（今湖北武昌县）。宋将王坚守合州（今四川合川县），宪宗受伤，死于城下。贾似道督大军援鄂，不敢战，使人求和，许称臣，划江为界。忽必烈亦急图自立，乃许之而北归。贾似道掩其事，以大捷闻于朝。忽必烈北还后，自立，是为元世祖，于1264年定都燕京。

明年，理宗崩，子度宗立。明年，度宗崩，子恭帝立。1276年，临安不守，谢太后和恭帝都北狩。1279年，汉奸张弘范来攻，宰相陆秀夫负帝赴海殉国。张世杰收兵图再举，到海陵山（在今广东海阳县海中），舟覆而死。宋亡。中国遂整个为北族所征服。

宋朝的灭亡，可以说是我国民族的文化，一时未能急剧转变，以适应于竞争之故。国力的强弱，不是以其所有人力物力的多少而定，而是看其能利用于竞争的共有多少而定。论是非是宗旨，论利害是手段。手段固不能不择，却不该因此牺牲了宗旨。历来外敌压迫时，总有一班唱高调的人，议论似属正大，居心实不可问，然不能因此而并没其真，也是要分别观之的。固不该盲从附和，也不该一笔抹杀。其要，在能分别真伪。

成吉思汗像

选自《历代帝王圣贤名臣大儒遗像》册（清）佚名　收藏于法国国家图书馆

本名为孛儿只斤·铁木真。在建立蒙古国后，成吉思汗建立护卫军，实行千户制，并灭亡了西夏、西辽的花剌子模，被蒙古人视为民族英雄。由成吉思汗领导的战争，充分体现了他卓越的指挥艺术，被后世的研究者视为蒙古兵学的鼻祖。

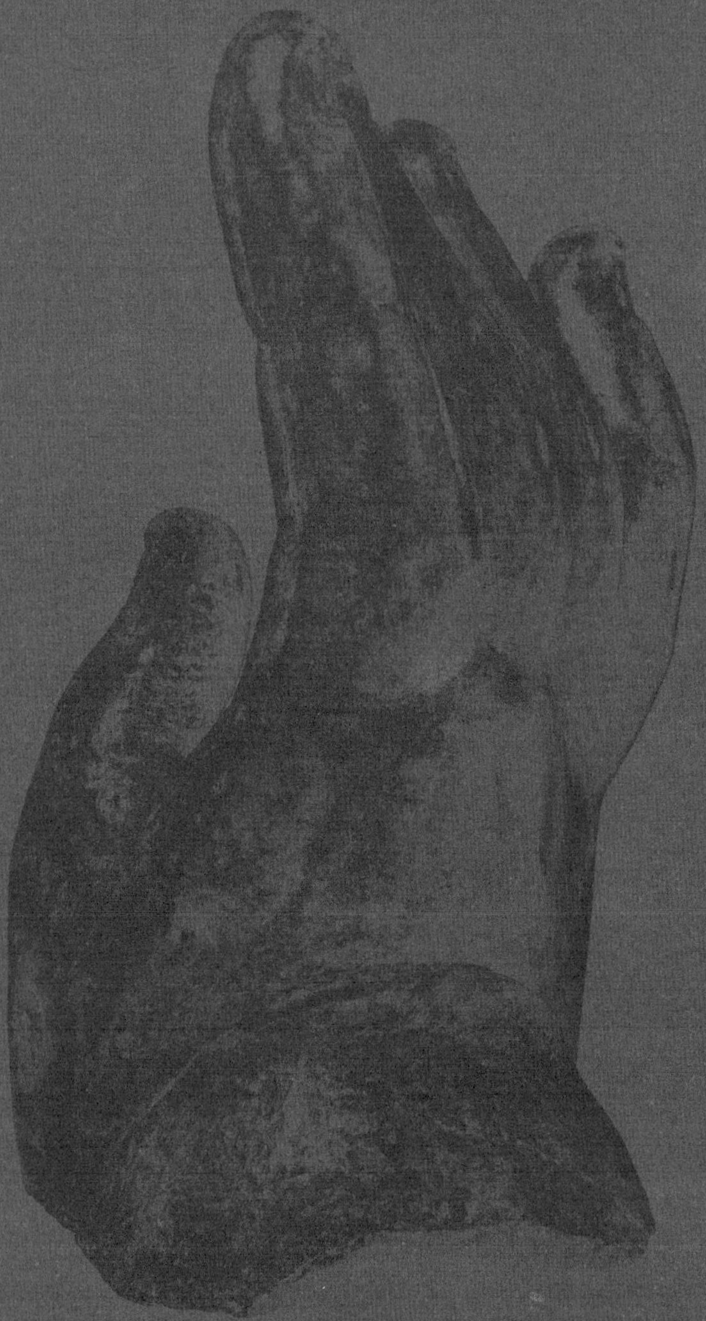

第二十七讲

蒙古大帝国的盛衰

蒙古是野蛮的侵略民族所建立的最大帝国，他是适值幸运而成功的。蒙古所征服之地，其中最重要的，自然还是西域。葱岭以西，亚历山大东征后，安息、大夏，对立为两个大国。其后则变为波斯和月氏的对立。南北朝时，嚈哒兴，月氏为其所破，波斯亦被其慑服。突厥兴，嚈哒又为所破。月氏旧地，大抵服属于西突厥。时大食亦已勃兴。641 年，破波斯，葱岭以西之地，次第为其所吞并。辽朝灭亡后，其宗室耶律大石，会十八部王众于西州（今新疆吐鲁番县），简其精锐西行。大石兵至，灭掉雄据呼罗珊的塞而柱克，并压服了花剌子模，使之纳贡，而立国为西辽。成吉思汗平漠南北时，今蒙古西部的酋长古出鲁克奔西辽，运用阴谋，和花剌子模里应外合而取其国。又有蔑儿乞的酋长忽秃亦西奔，和古出鲁克，都有卷土重来之意。成吉思汗怕根本之地动摇，乃于 1213 年北归，遣哲别、速不台把这二人击灭。

既灭古出鲁克，蒙古的疆域，就和花剌子模相接。蒙古对于西域，本来是无意于用兵的。但野蛮人所好的是奢侈享受，西域是文明发达之地，通商往来，自为其所欢迎。成吉思汗乃因商人以修好于花剌子模。花剌子模王亦已允许。然花剌子模的军队，多数系康里人，王母亦康里人，因之作威作福。锡尔河滨的讹打剌城为东西交通孔道，城主为王母之弟，蒙古人随商人西行的，一行共有四百多人，都被他认为奸细，捉起来杀掉，只有一个人脱逃归报。成吉思汗大怒，遂以 1219 年西征。破花剌子模，

元太宗像

选自《历代帝王圣贤名臣大儒遗像》册 （清）佚名 收藏于法国国家图书馆

本名孛儿只斤·窝阔台，成吉思汗的第三子。他南下灭金国，将领土扩张至中亚、华北、东欧。执政以后，采用汉法，举行科举考试，奠定了元朝的基础。

其王辗转入里海小岛而死。成吉思汗攻西域，本来是复仇之师，但因西域高度的物质文明，及其抵抗力的薄弱，遂引起蒙古人继续侵略的欲望。太宗立，命诸王西征。宪宗立，复遣弟旭烈兀西征。破木剌夷及报达，西域至此略定。

东北一带，自高句丽、百济灭亡后，新罗亦渐衰。唐末，复分为高丽、后百济及新罗三国。石晋初，尽并于高丽王氏。北宋之世，高丽曾和契丹构兵，颇受其侵略。自高句丽灭亡后，朝鲜半岛的北部，新罗控制之力，不甚完全；高丽亦未能尽力经营；女真逐渐侵入其地，金朝即以此兴起。金末，契丹遗族和女真人在今辽、吉境内扰乱，蒙古兵追击，始和高丽相遇，因此引起冲突，至太宗时乃成和。元世祖时，中国既定，又要介高丽以招致日本。日本不听，世祖遂于1274年、1281年两年遣兵渡海东征。前一次损失还小，后一次因飓风将作，其将择坚舰先走，余众二十余万，尽为日本所虏，其败绩可谓残酷了。世祖欲图再举，因有事于安南，遂不果。

蒙古西南的侵略，是开始于宪宗时的。世祖自今青海之地入西藏，遂入云南，灭大理（即南诏）。此时安南已独立为国。其南，今柬埔寨之地为占城，蒲甘河附近则有缅国。元兵侵入安南和占城，其人都不服，1284年、1285年、1287年三年，三次发兵南征，因天时地利的不宜，始终不甚得利。

中国和亚、欧、非三洲之交的地中海沿岸，是世界上两个重要的文

元世祖像

选自《历代帝王圣贤名臣大儒遗像》册（清）佚名 收藏于法国国家图书馆

本名孛儿只斤·忽必烈，成吉思汗之孙。元朝的开国皇帝。

◀《元世祖驭马图》

（元）刘贯道　收藏于衡水中国书画博物馆

画面中的元世祖身骑白马，神情悠然。元宪宗二年（1252）时，忽必烈总领了他的第一项重大军事战役，率十万大军出征西南的大理国。此次行军，道路艰难跋涉，最终这次『长征』只剩下了两万人左右。不过到达大理后，元世祖仅靠着这两万人就成功击败了大理守军。

《番骑图》▼

（元）佚名　收藏于北京故宫博物院

画面描绘的是蒙古人出行狩猎的画面。画上的妇女头戴罟罟冠（又称姑姑冠），是蒙古族已婚妇女的冠帽。因为沙漠风急天寒，人们纷纷用袖子遮挡面部，就连骆驼也步履维艰。

明起源之地。欧洲文明的东渐，大约以希腊人的东迁为最早。其后罗马兴，东边的境界，仍为东西文化接触之地。至罗马之北境为蛮族所据而中衰。大食兴，在地理上，拥有超过罗马的大版图，在文化上，亦能继承希腊的遗绪。但主要的是由于海路。至蒙古兴，而欧西和东方的陆路才开通。基督教国，亦派有使节东来。

蒙古的制度，宗室、外戚、功臣，是各有分地的，而以成吉思汗的四个儿子为最大。当时的分封，大约他的长子术赤，所得的是花剌子模和康里、钦察之地。次子太宗，所得的是乃蛮之地。三子察合台，所得的是西辽之地。而和林旧业，则依蒙古人幼子守灶之习，归于其季子拖雷。其后西北一带，术赤之子拔都，为其共主，而西南的平定，则功出于拖雷之子旭烈兀，其后裔世君其地。

蒙古的汗，本来是由诸部族公推的，每当大汗逝世之后，即由宗王、驸马和管兵的官，开一个大会，议定应继承汗位的人。太祖之妻孛儿帖，曾给蔑儿乞人掳去，后太祖联合与部，把她抢回，就生了术赤。他的兄弟，心疑他是蔑儿乞种，有些歧视他，所以他西征之后，一去不归，实可称为蒙古的泰伯。太宗死后，其后人和拖雷的后人，就有争夺之意。定宗幸获继立，而身弱多病，未久即死。拖雷之子宪宗被推戴。太宗后人，另谋拥戴失烈门，为宪宗所杀，并夺去太宗后王的兵柄。宪宗死后，争夺复起于拖雷后人之间。

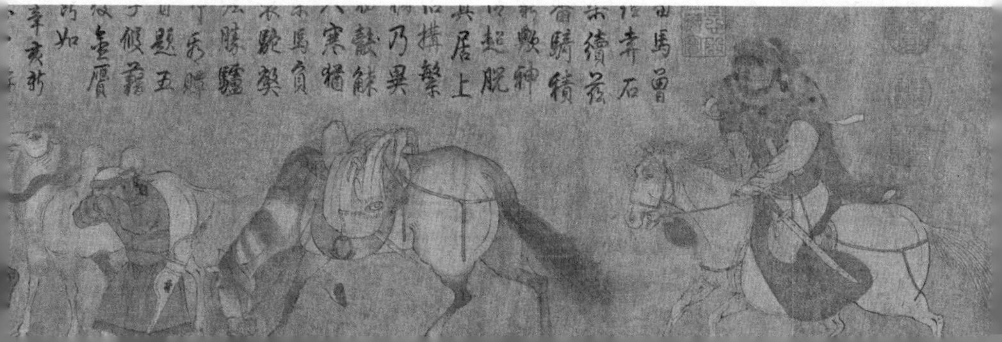

河題

蕃馬曾
經幸石

續茲
騎積
歐神
超脫
居上
乃攜
縶駼
寒韉
馬貢
駝槃
勝韉
鐙

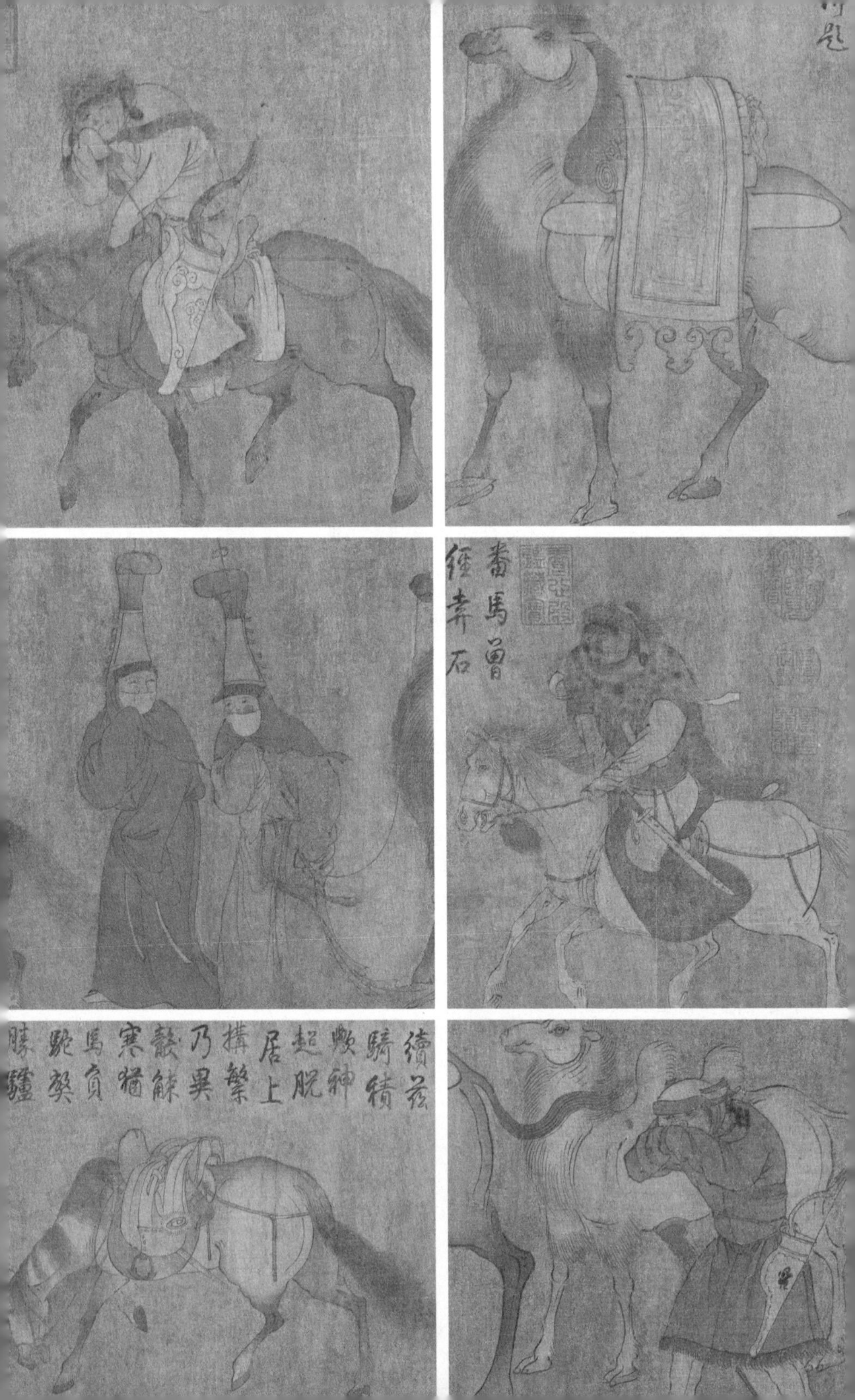

第二十八讲

汉族的光复事业

辽、金、元三朝，立国的情形，各有不同。契丹虽然占据了中国的一部分，然其立国之本，始终寄于部族，和汉人并未发生深切的关系。金朝所侵占的重要之地，惟有中国。它的故土和它固有的部族、文化尚未发展，社会组织简单，内部矛盾较少，因而以诚朴之气、勇敢之风，而崛起于一时。至蒙古，则所征服之地极广，中国不过是其一部分。元朝诸帝，惟世祖较为聪明，到顺帝时，政治既乱，而又时有水旱偏灾，草泽的英雄，就要乘机而起了。

其中较大的是：台州的方国珍，徐州的李二，湖北的徐寿辉，濠州的郭子兴，高邮的张士诚，而刘福通以白莲教徒，起于安丰（今安徽寿县），奉其教主之子韩林儿为主。元朝当日，政治紊乱。宰相脱脱之弟也先帖木儿，当征讨之任，连年无功，后来反大溃于沙河（今河南遂平、确山、泌阳境上的沙河店），军资丧失殆尽。脱脱觉得不好，自将大军出征，打破了李二，围张士诚，未克。1358 年，刘福通分兵三道：一军入山、陕，一军入山东。此时元朝方面，亦有两个人出来替其挣扎，那便是察罕帖木儿和李思齐。他们移兵山东，把刘福通所派的兵，围困起来。刘福通遣人把察罕刺死。其子库库帖木儿代总其兵，才把刘福通军打败，刘福通和韩林儿，走回安丰，后为张士诚所灭。时徐寿辉为其将陈友谅所杀，势颇强盛，后为太祖所灭。太祖又降方国珍、破张士诚，几乎全据了长江流域。而元朝是时，复起内乱。

其时库库帖木儿据冀宁（治今山西阳曲县），孛罗帖木儿据大同，孛罗想兼据晋冀，以裕军食，二人因此相争。顺帝次后奇氏，高丽人，生子爱猷识理达腊，立为太子。是时高丽人自宫到元朝来充当内监的很多，而朴不花最得信任，宰相搠思监就是走朴不花的门路得位的。他和御史大夫老的沙不协，因太子言于顺帝，免其职。老的沙逃奔大同，托庇于孛罗。搠思监诬孛罗谋反。孛罗就真个反叛，举兵犯阙，把搠思监和朴不花都杀掉。太子投奔库库。库库兴兵送太子还京，孛罗已被顺帝遣人刺死。太子欲使库库以兵力胁迫顺帝内禅，库库不肯。时顺帝封库库为河南王，使其总统诸军，平定南方。李思齐因与察罕同起兵，不愿受库库节制，陕西参政张良弼，亦和库库不协，二人连兵攻库库。太子乘机叫顺帝下诏，削掉库库的官爵，使太子统兵讨之。北方大乱。

1368年，明太祖命徐达、常遇春两道北伐。顺帝走上都。太祖使徐达下太原，乘胜定秦、陇，库库帖木儿奔和林。常遇春攻上都，顺帝再奔应昌。1387年，顺帝死，明兵再出，爱猷识理达腊亦奔和林。不久便死，子脱古思帖木儿嗣。1387年，太祖使蓝玉平辽东，乘胜袭破脱古思帖木儿于捕鱼海（今达里泊）。脱古思帖木儿北走，为其下所杀。其后五传皆被弑，蒙古大汗的统系遂绝。

常遇春像

佚名

元末红巾军杰出将领，明朝开国将军。元末时期社会动荡，起义军纷纷揭竿而起，常遇春就投奔了朱元璋，随他征战疆场，立下了汗马功劳。死后被追封为中山王。

徐达像

佚名

明朝开国元勋。徐达是朱元璋的骨干心腹，其战功赫赫，曾征战江南，击杀陈友谅，又与常遇春并肩作战，北伐灭元。死后被追封为开平王。

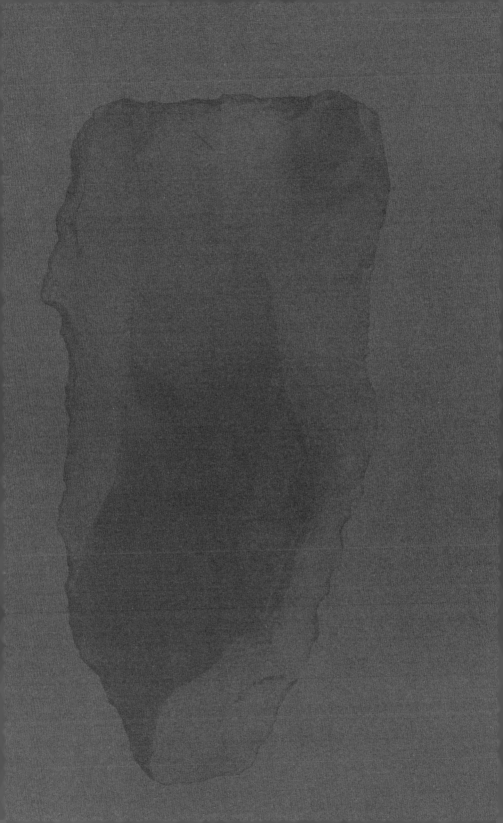

第二十九讲

明朝的盛衰

明太祖起于草泽，能铲除胡元，戡定群雄，其才不可谓不雄。只可惜他私心太重。废宰相，使朝无重臣，至后世，权遂入于阉宦之手。他用刑本来严酷，又立锦衣卫，使司侦缉事务，至后世，东厂、西厂、内厂，遂纷纷而起（东厂为成祖所设，西厂设于宪宗时，内厂设于武宗时，皆以内监领其事）。其封建诸子于各地，则直接引起了靖难之变。

明初的边防，规模亦是颇为弘远的。俯瞰蒙古的开平卫，即设于元之上都。其后大宁路来降，又就其地设泰宁、朵颜、福余三卫。但太祖建都南京，对于北边的控制，是不甚便利的。成祖既篡建文帝，即移都北京。他亦曾屡次出征，打破鞑靼和瓦剌。但当他初起兵时，怕节制三卫的宁王权要袭其后，把他诱执，而将大宁都司，自今平泉县境迁徙到保定。于是三卫之地，入于兀良哈，开平卫势孤。成祖死后，子仁宗立，仅一年而死。子宣宗继之。遂徙开平卫于独石口。从此以后，宣、大就成为极边了。

《明成祖坐像》轴
佚名／原作（现代）杨令茀／摹本
收藏于中国台北“故宫博物院”
明成祖朱棣是朱元璋第四子，在位期间设立了东厂和内阁，宦官开始参政，权力也愈来愈大。《明史·宦官传序》中记载：从永乐年间开始，宦官得有出使、专征、监军、分镇、刺臣民隐事诸大权。其中最著名的是三宝太监郑和，被明成祖委任下西洋。

安南从五代时离中国独立，成祖于1406年，因其内乱，将其征服，又遣中官郑和七下南洋。其事在1405年至1433年之间，早于欧人的东航有好几十年。自郑和下南洋之后，中国对于南方的航行，更为熟悉，华人移殖海外的渐多。

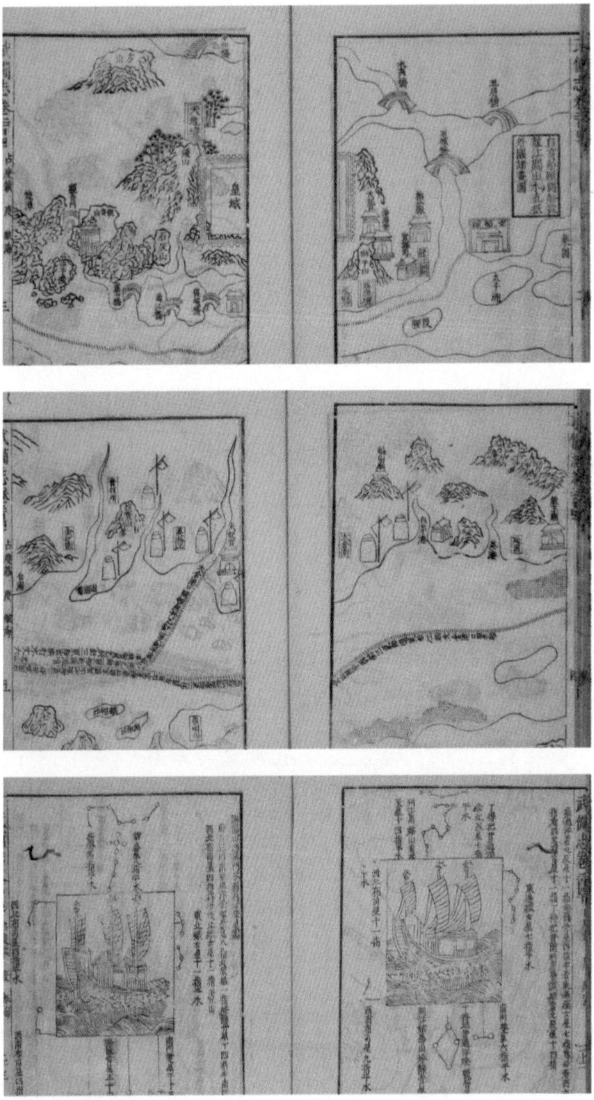

《郑和航海图》（局部）

（明）佚名

郑和是明朝太监、著名航海家。受明成祖之命七下西洋，时间跨度为永乐三年（1405）至宣德八年（1433）。航行路线从南京出发，途中经过爪哇、苏门答腊、苏禄、彭亨、真腊、古里、暹罗等地，最远到达了东非、红海。此图是世界上现存最早的航海图集。

明代政治的败坏，始于成祖时。其一为用刑的残酷，其二为宦官的专权。成祖反叛时，得内监为内应，又设立东厂，使司侦缉之事。宦官之势骤盛。宣宗崩，英宗立，年幼，宠太监王振。其时瓦剌强，杀鞑靼酋长，又胁服兀良哈。1449年，其酋长也先入寇。王振贸然怂恿英宗亲征。至大同，为敌军追及于土木堡，英宗北狩。朝臣徐有贞等主张迁都。于谦力主守御，奉英宗之弟景帝监国，旋即位。也先入寇，谦任总兵，石亨等力战御之。大凡敌兵入寇，京城危急之时，迁都与否，要看情势而定。敌兵强，非坚守所能捍御，则宜退守一可据的据点，徐图整顿。若敌兵实不甚强，则坚守京城，可以振人心而作士气。瓦剌在当日，形势实不甚强，所以于谦的主守，不能不谓之得计。然徐有贞因此内惭，石亨又以赏薄怨望，遂结内监曹吉祥等，乘景帝卧病，闯入宫中，迎英宗复辟，是为“夺门”之变。于谦被杀。英宗复辟后，亦无善政。传子宪宗，宠太监汪直。宪宗传孝宗，政治较称清明。孝宗传武宗，又宠太监刘瑾。武宗无子，世宗以外藩入继。驭宦官颇严，内监的不敢恣肆，但其性质严而不明，中年又不问政事。严嵩因之，故激其怒，以入人罪，而窃握大权，政事遂至大坏。其时倭寇大起，沿江深入，直抵南京。北边瓦剌复衰，鞑靼部落，入据河套，谓之“套寇”。明朝迄无善策。至世宗时，成吉思汗后裔达延汗复兴，击败“套寇”，统一蒙古。达延汗四子，长子早死。达延汗自与其嫡孙卜赤徙牧近长城，称为插汉儿部，就是现在的察哈尔部。次子为“套寇”所杀，三子系征服“套寇”的。其有二子：一为今鄂尔多斯部之祖，亦早死。一为阿勒坦汗，《明史》称为俺荅，为土默特部之祖。第四子留居漠北，则为喀尔喀三部之祖。

于谦像

选自《古圣贤像传略》清刊本　（清）顾沅一辑录　（清）孔莲卿一绘

于谦，字廷益，明朝大臣、民族英雄。受明宣宗赏识官至兵部右侍郎。当明英宗在土木堡被俘虏后，于谦力排众议，最终坚守住了北京，使人民免遭蒙古的侵略。他曾著诗《石灰吟》：『千锤万凿出深山，烈火焚烧若等闲。粉骨碎身浑不怕，要留清白在人间。』可谓于谦一生忠诚爱国的写照。《明史》赞美他『忠心义烈，与日月争光』。

俺荅为边患，是最深的。世宗时，曾三次入犯京畿。世宗崩，穆宗立，未久而死。神宗立，年幼，张居正为相。此为明朝中兴的一个好机会。当穆宗时，俺荅来降，受封为顺义王，不复为边患。张居正则行严肃的官僚政治，百孔千疮的财政，整理后亦见充实。惜乎居正为相，不过十年，死后神宗亲政，又复昏乱。

日本丰臣秀吉犯朝鲜，明朝发大兵数十万以援之，相持凡七年，并不能却敌，到秀吉死，日本兵才自退。神宗死后，熹宗继之。信任宦官魏忠贤，其专横又为前所未有。思宗立，虽有志于振作，而已无能为力了。

明神宗像

选自《历代帝王圣贤名臣大儒遗像》册　（清）佚名　收藏于法国国家图书馆

明神宗朱翊钧是明朝在位时间最长的皇帝，年号为万历，在张居正辅佐下，开创了『万历中兴』的局面。在明神宗年仅10岁时，内阁首辅张居正为他编撰了《帝鉴图说》，上篇讲述了历代帝王励精图治之事，下篇记录了历代帝王暴虐愚昧之事。明神宗看后爱不释手，吩咐史官将此事载入史册。

第三十讲

明清的兴亡

辽东、辽西自公元前4世纪，即成为中国的郡县，因其距中原较远，自吉林以东北，历代皆仅等诸羁縻。其地地质虽极肥沃，而稍苦寒；又北方扰攘时多，往往为游牧民族所阻隔，所以中国民族，亦未能盛向东北拓殖。

据近人所考证，明时女真之地，凡分三卫：曰海西卫，自今辽宁的西北境，延及吉林的西部。曰野人卫，地在吉、黑的东偏。曰建州卫，则在长白山附近。清朝真正的祖先，所谓肇祖都督孟特穆，就是1412年受职为建州卫指挥使的猛哥帖木儿（孟特穆为猛哥帖木儿异译），其初曾入贡受职于朝鲜的李朝。后为七姓野人所杀。弟凡察立，后猛哥帖木儿之子董山，出而与凡察争袭。明朝乃分建州为左右两卫，以董山为左卫指挥使，凡察为右卫指挥使。董山渐跋扈，明朝檄致广宁诛之。自此左卫衰而右卫盛。右卫酋长王杲为李成梁所破，奔扈伦部的哈达。哈达执送成梁，成梁杀之。其子阿台，助叶赫攻哈达。满洲苏克苏浒部长尼堪外兰，为李成梁做向导，攻杀阿台。满洲酋长叫场，即清朝所谓景祖觉昌安，其子他失，则清朝所谓显祖塔克世，塔克世的儿子努尔哈赤，就是清朝的太祖了。阿台系景祖孙婿，阿台败时，清景、显二祖亦死。后清太祖又合叶赫灭哈达。至1616年，遂叛明。

时值明神宗之世。满洲遂陷铁岭，灭叶赫。明先以熊廷弼为经略，后代以袁应泰。应泰有吏才，无将略，辽、沈遂陷。清太祖迁居沈阳。明朝再起熊廷弼，又为广宁巡抚王化贞所掣肘。化贞兵败，辽西地多陷。明朝逮二人俱论死。1626年，清太祖死。子太宗立，先把朝鲜征服了，还兵攻宁远、锦州，大败。

明末的流寇，以李自成和张献忠为两个最大的首领。献忠系粗才，一味好杀，自成则颇有大略。清太宗既不得志于辽西，乃入长城，犯畿甸。至1640年，清人大举攻锦州。蓟辽总督洪承畴往援，战败。明年，承畴降清。太宗抚用汉人，尤其优待降将。洪承畴等遂不恤背弃祖国，为之效力。1643年，李自成陷西安。明年，在其地称帝。东陷太原，分兵出真定（今河北正定县），入居庸关。北京不守，思宗殉国于煤山。山海关守将吴三桂入援，但京城已陷。自成招三桂降，三桂允许了。旋闻爱妾被掠，大怒，遂走关外降清。

山海关

选自《唐土名胜图会》

日本刊本

[日]冈田玉山等

收藏于日本早稻田大学图书馆

崇祯十七年（1644），明末起义领袖李自成攻克北京，崇祯帝命辽东总兵吴三桂保卫京城。吴三桂率军到达山海关时，崇祯自缢，吴三桂失去了依靠，便归降清朝，与多尔衮在山海关夹击李自成。李自成战败后，清军入关攻占了北京。

时清太宗已死，子世祖继立，年幼，叔父睿亲王多尔衮摄政，闻三桂来降，大喜，疾趋受之。李自成战败，奔回陕西，清人遂移都北京。明人立神宗之孙福王，是为弘光帝。清人于五月三日入京，四日下令强迫人民剃发，到二十四日，即又将此令取消。

后李自成走死湖北。清人即移兵以攻江南。明朝诸将，心力不齐，弘光帝遂北狩，时在 1645 年。清朝既定江南，乃下令强迫人民剃发。此举是摧挫中国民气的，其用意极为深刻酷毒。衣服装饰虽然看似无关紧要，然而习俗相沿，就是一种文化的表征，用兵力侵略的异族，强使故有的民族，弃其旧有的服饰而仿效自己，就不啻摧毁其文化，而且强替其加上一种屈服的标识。这无怪当日的人民，要奋起而反抗了。但是人民无组织已久了，江南民兵大都不久即败。南都亡后，明之遗臣，或奉鲁王以海监国绍兴，或奉唐王聿键为隆武帝。清人遣吴三桂陷四川，张献忠败死。别一军下江南，鲁王败走舟山。清兵遂入福建，隆武帝亦殉国，时为 1647 年。

《消夏图》
（清）王时敏、顾见龙
收藏于美国明尼亚波利斯艺术馆

顺治元年（1644），多尔衮下达指令：『各处文武军民，尽令剃发，倘有不从，以军法从事。』所谓剃发，就是汉人男子要把前颅头发剃光，脑后头发编成长辫，即图中人物的发型。因为古人讲究『身体发肤，受之父母』，所以这种强制剃发的手段引起了汉人极大的反抗。当时有『留头不留发，留发不留头』之谚，其执行的严厉可想而知。

隆武帝亡后，明人立其弟聿鐭于广州，旋为叛将李成栋所破。神宗之孙桂王即位肇庆，是为永历帝，亦为成栋所迫，退至桂林。后清兵进陷桂林，永历帝逃到南宁，遣使封张献忠的余党孙可望为秦王，吴三桂败走汉中。而永历帝因可望跋扈，密召李定国，可望大败，复降清。洪承畴因之请大举。1658 年，清兵分三道入滇。定国不能敌，乃奉永历帝走腾越，而伏精兵，大败清之追兵于高黎贡山。清兵乃还。定国旋奉永历帝入缅甸。1661 年，吴三桂发兵出边，缅甸人乃奉永历帝入三桂军。

明年，被弑，明亡。

清朝平定西南，乃封尚可喜于广东，耿仲明之子继茂于福建，吴三桂于云南，是为三藩。三藩中，吴三桂功最高，兵亦最强。1673 年，尚可喜因年老，将兵事交给其儿子之信，反为所制，请求撤藩，清人许之。三桂和耿继茂的儿子耿精忠不自安，亦请撤藩。时清世祖已死，子圣祖在位，年少气盛，独断许之，三桂遂叛清。耿、尚二藩亦相继举兵。但三桂暮气不振，兵势日蹙。1678 年，三桂称帝于衡州。旋死，诸将乖离，其孙世瑶，遂于 1681 年为清人所灭。

清圣祖像

选自《历代帝王像》（清）姚文瀚

收藏于美国纽约大都会艺术博物馆

清圣祖爱新觉罗·玄烨是清朝第四位皇帝，年号『康熙』。年少登基，在挫败权臣鳌拜后，开始亲政，随后平定了意图造反的藩王吴三桂，统一了台湾。在文化方面，康熙编纂了《康熙字典》《古今图书集成》《全唐诗》等众多图书，兴建了避暑山庄、畅春园等，开创了『康熙盛世』，因此被后世尊为『千古一帝』。

第三十一讲

清代的盛衰

蒙古和西藏的民族，其先都是喜欢侵略的。自唐中叶后，喇嘛教输入吐蕃，而西藏人的性质遂渐变。明末，喇嘛教推行于蒙古，蒙古人也渐趋向平和。西藏黄教的僧侣，是不许娶妻的。所以其高僧，世世以“呼毕勒罕”主持教务。达赖喇嘛，是黄教之主宗喀巴的第一大弟子，位置算是最高，然政务都在一个称为“第巴”的官手里。清圣祖时，第巴桑结奉第二大弟子班禅入居札什伦布，是为达赖、班禅分主前后藏之始。1722 年，圣祖死，世宗立。

至于天山南路，本系元朝察哈尔后王之地，为回教区域。元衰后，回教教主的后裔大小和卓木与清朝反抗，亦于 1759 年为清所破灭。但中国对于西南，实力并不充足，所以安南暂合而复离，而缅甸亦卒独立为国。1767 年，清高宗因缅甸犯边，发兵征之败没。1769 年，又派大兵再举，亦仅因其请和，许之而还。这时候，暹罗为缅甸所灭。后其遗臣中国人郑昭，起兵复国，缅甸怕中国和暹罗夹攻他，对中国才渐恭顺。

喇嘛

选自《燕京胜迹》 收藏于国家图书馆

「喇嘛」是藏语，意思是上师。早在清太宗皇太极时就设置了僧录司，并与喇嘛频繁交往。随后藏传佛教发展迅速，到了康熙年间，喇嘛数量多达上千人。

喇嘛和喇嘛寺香炉

喇嘛唪经

喇嘛教之主持

乾隆的『十全武功』

乾隆在晚年亲笔撰写了《十全武功记》，记录了自己在位期间的十次重大军事行动，所以自称为『十全老人』。这十次战事分别为：两次平定大小金川之战、两次平定准噶尔之役、平定大小和卓之乱、缅甸之役、平定台湾林爽文起义、安南之役及两次平定廓尔喀之役。其中唯独『缅甸之役』结果不甚理想，一共打了四次，前三次清军战败而归，最后一次则是清缅两军两败俱伤，以两军议和结束。

《平定安南战图》（清）佚名 收藏于北京故宫博物院

安南指的是今越南。1787年，广南王国亲王阮文惠攻打安南王国，安南国王黎维祁逃到广西，寻求清政府的协助。于是乾隆派兵平定安南，帮助安南国王黎维祁正式复国。

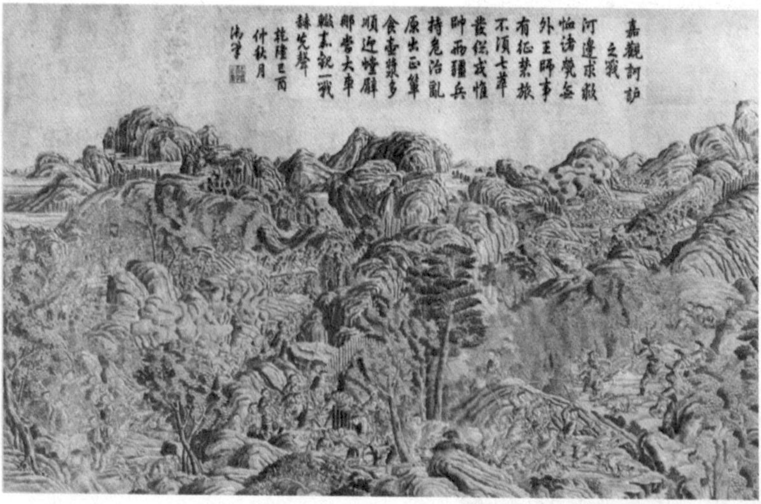

嘉观诃泸之战

三异柱右之战

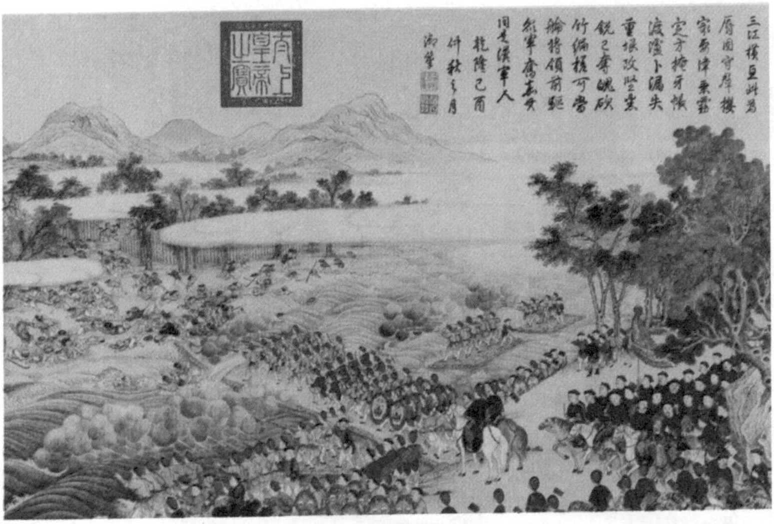

寿昌江之战

市球江之战

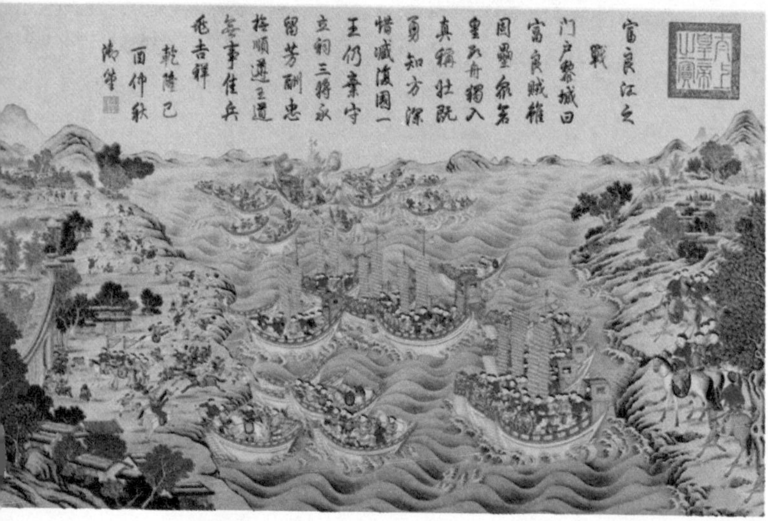

富良江之战

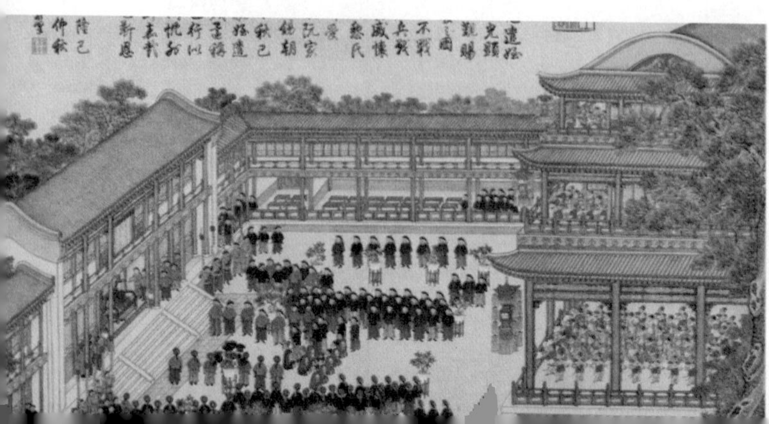

阮光显入觐赐宴图

《平定金川战图》册

（清）徐扬

收藏于北京故宫博物院

大、小金川是位于四川成都的金沙江流域。当地实施土司制度，各土司之间经常引发战乱，于是乾隆派兵残酷镇压，使得双方军队都伤亡惨重。

攻克喇穆及日则丫口

收复小金川

攻克宜喜达尔图山梁

攻克罗博瓦山碉

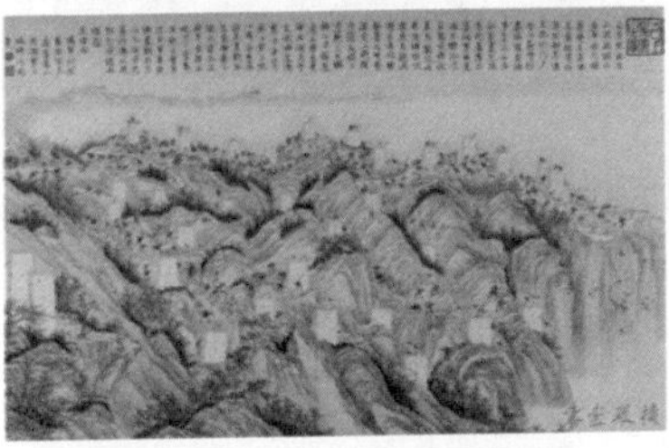

攻克康萨尔山梁

攻克日旁一带

攻克宜喜甲索等处碉卡

攻克木思工噶克丫口

攻克石真噶贼碉

攻克菑则大海昆色尔山梁

攻克科布曲索隆古山梁等处明寨

攻克噶喇依报捷

郊台迎劳将军阿桂凯旋

午门受俘

紫光阁凯宴成功诸将士

第三十二讲

中西初期的交涉

我们试将较旧的书翻阅，说及洋务时，总是把“通商传教”四字并举的。近代基督教传布于东方，是由耶稣会开始的。其教徒利玛窦入北京朝献，神宗许其建立天主堂。当时基督教士的传教，是以科学为先驱；而且顺从中国的风俗，不禁华人祭天、祭祖、崇拜孔子的。于是在中国的反应，发生两派：其一如徐光启、李之藻等，服膺其科学，因而亦信仰其宗教。其二如清初的杨光先等，正因其人学艺之精，传教的热烈，而格外引起其猜忌之心。在当时，科学的价值，不易为一般人所认识，后一派的见解，自然容易得势。

基督教宣传画

基督教以《圣经》为经典，信奉耶稣为他们的救世主。为了跨越语言的障碍，传教士通常用绘画作品宣扬基督教的教义，其中的故事皆出自《圣经》。

撒玛利亚人行仁 收藏于大英博物馆

『撒玛利亚人』意思是『助人为乐的人』。讲的是一个人被强盗抢劫，不仅被打了个半死，连衣服也被剥下了。可路过的人都冷眼旁观，毫不理会，最后只有一位行路的撒玛利亚人将他扶起，并用油和酒为他疗伤，随后又让他骑在自己的牲口上，带回去细心照料。

拉撒路与富翁之别　收藏于大英博物馆

讲的是有一个叫拉撒路的乞人，每天坐在富翁的家门口，身上长满了疮，只有旁边的狗舔舐他的伤口，而旁边的富翁却每天过着奢侈的生活。

劳苦担重　收藏于大英博物馆

讲的是人们挑着重担，在辛苦地赶路，屋内的传教士向他们说：『凡是劳苦重担的人，都可以到我这里来，我会使你们安息。』

圣祖是颇有科学上的兴趣的，在位时引用教士颇多，然他对于西洋人，根本上仍存着一种畏恶的心理。在中国一地方，本有这种心理潜伏着，而在西方，适又有别一派教士，攻击利玛窦一派，说他们卖教求荣，于是教皇派多罗到中国来禁止。圣祖大怒，将多罗押还澳门，令葡萄牙人看管，而令教士不守利玛窦遗法的都退出。

至于通商，在当时从政治上看起来，并没有维持的必要。海路的交通，在初期，不过是通商传教的关系，至陆路则自始即有政治关系。15世纪叶，俄人脱离蒙古的羁绊而自立，西伯利亚的广土，次第被占。至明末，遂骚扰黑龙江。清初因国内未平，无暇顾及外攘，至三藩既平，圣祖乃对外用兵。其结果，乃有1688年的《尼布楚条约》。此约中国得地极广，然俄人认为系用兵力迫胁而成，心怀不服，遂伏下咸丰时戊午、庚申两约的祸根。其后外蒙古归降中国，于是俄、蒙的界务，亦成为中、俄的界务。乃有1727年的《恰克图条约》。至1755年、1759年两年，中国次第平定准部、回部，西北和俄国接界处尤多，其界线问题，亦延至咸丰时方才解决。

▶《乾隆皇帝戎装像》
（清）郎世宁 收藏于北京故宫博物院
乾隆是清高宗爱新觉罗·弘历的年号。乾隆时期，清朝的版图达到最大，所以乾隆认为『天朝物产丰盈，无所不有，原不藉外夷货物以通有无』，于是就『闭关锁国』，从四口通商转变为只广州一口通商，还进行了对外的诸多贸易限制，埋下了英国发动侵华战争的祸根。

廿年一舉寧爲黷周禮分明
節候論便設軍容示西域佇
看露布靖堅昆好齊以暇千
旗颭既正還奇萬礟喧風日
晴和士挾纊非予恩也總

清开海禁，事在1685年，于澳门、漳州、宁波、云台山设关四处。当时在中国方面，贸易之权，操于公行之手，剥削外人颇深。外人心抱不平，乃舍粤而趋浙。1758年，清高宗又命把浙海关封闭，驱归广东，于是外人不平更甚。自1781年以后，英国在中国的贸易，为东印度公司所专。其代理人，中国谓之大班，一切交涉，都是和他办的。适会鸦片输入太甚，因输出入不相抵，银之输出甚多，财政首受其影响。遂有1839年林则徐的烧烟，中、英因此酿成战衅，其结果，于1842年在南京订立条约。中国割香港，开广州、厦门、福州、宁波、上海五口通商。英约定后，法、美、瑞典，遂亦相继和中国立约。惟俄人仍不许在海口通商。

1857年，广州失陷，延及京、津。清文宗为之出奔热河。其结果，乃有1858年和1860年《天津条约》《北京条约》两条约。此即所谓咸丰戊午、庚申之役。美国的《天津条约》，虽在平和中交换，然因各约都有最惠国条款，所以英、法所享的权利，美国亦不烦一兵而得享之。至于俄国，则自19世纪以还，渐以实力经营东方。至1858年，遂迫胁黑龙江将军奕山，订立《瑷珲条约》，尽割黑龙江以北，而将乌苏里江以东之地，作为两国共管。1860年，又借口调停英、法战事，再立《北京条约》，并割乌苏里江以东。

鸦片侵蚀晚清中国

选自《中国鸦片烟民》（*The Chinese opium-smoker*）　收藏于耶鲁大学图书馆

据史料记载，鸦片提取自罂粟，首先在欧洲种植，后传入中国。到了清代晚期，中国人开始大量吸食鸦片，极度摧残了吸食者的身心健康，而且鸦片极其昂贵，吸食上瘾的人为了获得鸦片，逐渐走上了极端，导致社会治安极其混乱。一直到了清宣宗道光年间，政府才命林则徐在虎门烧毁了鸦片。次年，英国就借此发动了第一次鸦片战争，最终以中国失败并签订不平等条约告终。

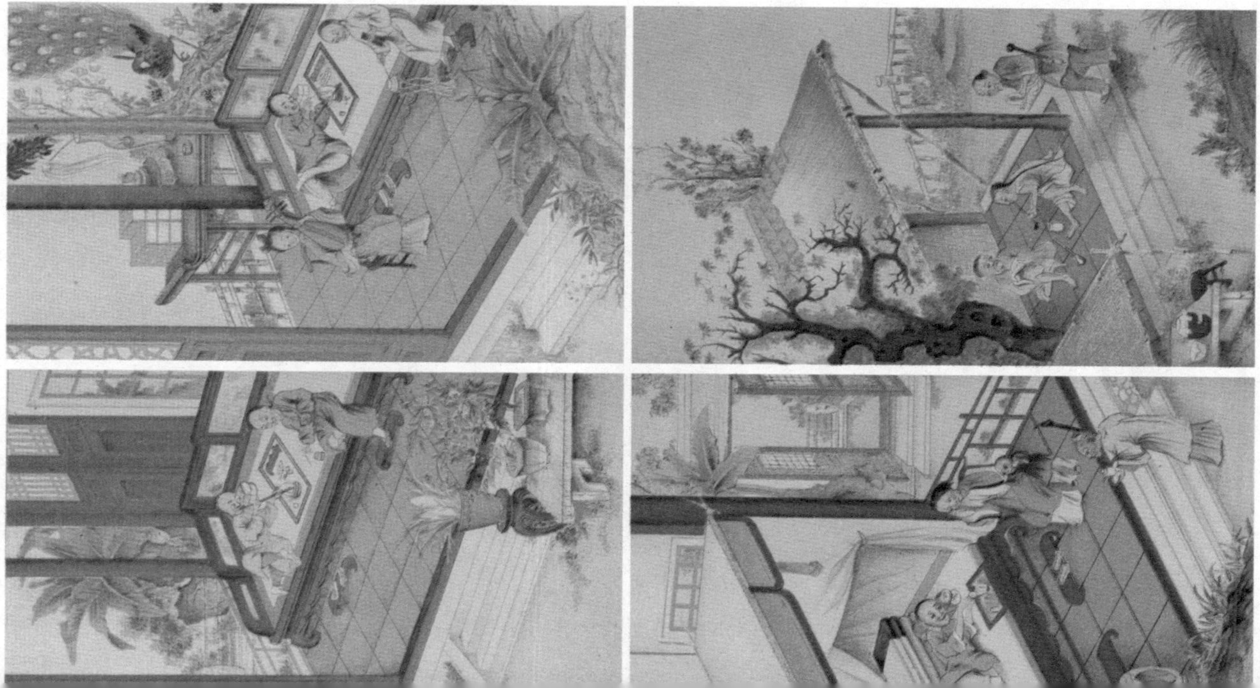

第三十三讲

汉族的光复运动

1729年，即清世宗的雍正七年，他曾有过这样一道上谕。他说："近日有山东人张玉，假称朱姓，托于明之后裔，遇星士推算有帝王之命，以此希冀蛊惑愚民，现被步军统领拿获究问。"这一道上谕，是因曾静之事而发的。曾静是湖南人，读浙江吕留良之书，受着感动，使其徒张熙往说岳钟琪叛清，钟琪将其事举发。曾静、张熙暂时免死拘禁，后亦被杀。这件事，向来被列为清朝的文字狱之一，其实乃是汉族图谋光复的实际行动。1729年，为亡清入关后之八十六年，表面上已太平，而据清世宗上谕所说，革命行动的连续不绝如此，可见一部分怀抱民族主义的人，始终未曾屈服。

《雍正帝读书像》

（清）佚名　收藏于北京故宫博物院

雍正是清世宗爱新觉罗·胤禛的年号。雍正酷爱读书，重视传统儒学，但是又大兴文字狱，禁锢了文人的思想，其中最著名的是吕留良案。吕留良是清朝文人，他的著作中有诸多『谤议及于皇考』的言论，雍正将其定为『思想罪』，在吕留良去世后将他剖棺戮尸，还殃及了其子孙后人。

清朝最大的会党，在北为哥老会，在南为天地会。天地会亦称三合会，有人说就是三点会。据他们的传说：福建莆田县九连山中，有一个少林寺。僧徒都有武艺，曾为清征服西鲁国，后为奸臣所谗，清主派兵去把他们剿灭。有一位神道，唤作达尊，使其使者朱开、朱光，把十八个和尚引导出来。这十八个和尚，且战且走，十三个战死了。剩下来的五个，就是所谓前五祖。又得五勇士和后五祖为辅，矢志反洦复汩。洦就是清字，汩就是明字，乃会中所用的秘密符号。他们自称为洪家。把“洪”字拆开来则是三八二十一，他们亦用为符号。据他们的传说：他们会的成立，在1674年。曾奉明思宗之裔举兵而无成，乃散而广结徒党，以图后举。而北方白莲教徒的反清，起于1793年，至1804年平定，史家称为川楚教匪，为清朝最大的内乱之始。后来到1813年，又有天理教首林清，图谋在京城中举事。天理教亦白莲教的支派余裔，又可见反清复明之志，各党各派，殊途同归了。而其明目张胆，首传讨胡之檄的则为太平天国。

《清音阁凯宴将士》

选自《平定台湾战图》册　（清）佚名　收藏于北京故宫博物院

乾隆年间，台湾爆发了天地会的『反清复明』起义，乾隆派兵前去镇压，捕杀了天地会的领袖林爽文。图中是乾隆在河北承德的清音阁设宴，犒赏立功的福康安、海兰察等将领。

太平天国天王洪秀全，生于1812年。广东和外人交通早，所以天王所创的宗教，亦含有西教的意味。他称耶和华为天父，基督为天兄，而己为其弟。乘广西年饥盗起，以1850年，起事于桂平的金田村。明年，始建国号。1853年，遂破江宁，建都其地，称为天京。天王之为人，似只长于布教，而短于政治和军事。委政于东王杨秀清，尤骄恣非大器。始起诸王，遂至互相残杀。其北上之军，既因孤行无援，而为清人所消灭。清朝得曾国藩，训练湘军，以为新兴武力的中坚。后又得李鸿章，招募淮军，以为之辅。天国徒恃一后起之秀的李秀成，只身支柱其间，而其余的政治军事，一切都不能和他配合。虽然兵锋所至达十七省（内地十八省中，惟甘肃未到），前后共历十五年，也不得不陷于灭亡的悲运了。太平天国的失败，其责实不在于军事而在于政治。若再推究得深些，则其失败，亦可以说是在文化上。（一）社会革命和政治革命，很不容易同时并行，而社会革命，尤其对社会组织，前因后果，要有深切的认识，断非头脑简单，手段灭裂的均贫富主义所能有济。中国的下流社会中人，是向来有均贫富思想的，其宗旨虽然不错，其方策则决不能行。（二）满洲人入据中原，固然是中国人所反对，而是时西人对中国，开始用兵力压迫，亦为中国人所深恶的，尤其是传教一端，太平天国初起时，即发布讨胡之檄。他们后来，对此也模糊了，反而到处传播其不中不西的上帝教，使反对西教的士大夫，认他为文化上的大敌，反而走集于清朝的旗帜之下。所以我说他政治上的失败，还是文化上的落伍。

▶《清平定粤匪图》（清）佚名 收藏于中国台北『故宫博物院』

这组图的背景是由洪秀全、杨秀清等人领导的太平天国运动。清政府命曾国藩、李鸿章、左宗棠等重臣镇压起义，最终率军攻破金陵，太平军战败。

克复岳州图

攻破田家镇收复蕲州图说

肃清浔江图

克复湖北通城图

克复武昌省城图

克复瑞州府城图

逆众扰怀桐楚军会剿大胜图

克复安庆省城图

金陵各营屡捷解围图

攻克江浦浦口二城力破九洑洲诸隘图

克复金陵图

幼逆洪福瑱就擒图

和太平天国同时的，北方又有捻党，本蔓延于苏、皖、鲁、豫四省之间。1864年，天国亡，余众多合于捻，而其声势乃大盛。清朝任左宗棠、李鸿章以攻之。至1867年、1868年两年，然后先后平定。而回乱又起于西南，延及西北。云南的回乱，起于1855年，至1872年而始平。西北回乱，则起于1862年，自陕西延及甘肃，并延及新疆。浩罕人借兵给和卓木的后裔，入据喀什喀尔。后浩罕之将阿古柏帕夏杀和卓木后裔而自立，意图在英、俄之间，建立一个独立国。英、俄都和他订结通商条约，又曾通使土耳其。清人亦有以用兵劳费持是议者。幸左宗棠力持不可。西捻既平之后，即出兵以攻叛回。自1875年至1878年，前后共历四年，南北两路都平定。阿古柏帕夏自杀。当回乱时，俄人虽乘机占据伊犁，然事定之后，亦获返还。虽然划界时受损不少，西北疆域，大体总算得以保全。

清朝的衰机，是潜伏于高宗，暴露于仁宗，而大溃于宣宗、文宗之世的。当是时，外有五口通商和咸丰戊午、庚申之役，内则有太平天国和捻、回的反抗，几于不可收拾了。文宗避英法联军，逃奔热河，1861年，遂死于其地。其时清宗室中，载垣、端华、肃顺三人握权。载垣、端华亦是妄庸之徒，肃顺则颇有才具，力赞文宗任用汉人，当时内乱得以削平。文宗死，子穆宗立。载垣、端华、肃顺等均受遗诏，为赞襄政务大臣。文宗之弟恭亲王奕䜣，时留守京师，至热河，肃顺等隔绝之，不许其和文宗的皇后钮钴禄氏和穆宗的生母叶赫那拉氏相见。后来不知如何，奕䜣终得和她们相见了，密定回銮之计。到京，就把载垣、端华、肃顺都杀掉。于是钮钴禄氏和叶赫那拉氏同时垂帘听政，大权都在叶赫那拉氏手里。叶赫那拉氏和肃顺虽系政敌，对于任用汉人一点，却亦守其政策不变，所以终能削平大难。然自此以后，清朝的中央政府即无能为，一切内政、外交的大任，多是湘、淮军中人物，军机及内阁中，汉人的势力亦渐扩张。所以在这个时候，满洲的政权，实际上已经覆亡了。

第三十四讲

清朝的衰乱

太平天国既亡，捻、回之乱复定，清朝一时号称中兴。然清室的气运，并不能自此好转，仍陵夷衰微以至于覆亡。孝钦皇后有其相当的才具，然她的思想是很陈旧的。内乱既定之后，要进而发愤自强，以御外患，就非她所能及了。不但如此，当时所谓中兴名臣，要应付这时候的时局，也远觉不够。他们不过任事久了，经验丰富些，知道当时的一种迂阔之论不足用，但他们所感觉到的，只是军事。政府和士大夫阶级，其不振既如此，而宫廷之间，又发生了变故。清穆宗虽系孝钦后所生，顾与孝钦不协。立后之时，孝贞、孝钦，各有所主。穆宗顺从了孝贞，孝钦大怒，禁其与后同居。穆宗郁郁，致疾而死。醇亲王奕譞之妻，为孝钦后之妹，孝钦因违众议立其子载湉，是为德宗。年方四岁，两宫再临朝。后孝贞后忽无故而死，孝钦后益无忌惮。宠任宦官，骄淫奢侈，卖官鬻爵，无所不为。德宗亲政之后，颇有意于振作，而为孝钦所扼，母子之间，嫌隙日深，就伏下戊戌政变的根源了。

▶《光绪大婚典礼全图》册（局部）

收藏于北京故宫博物院

光绪十五年（1889），慈禧给光绪帝举行了大婚典礼，皇后为叶赫那拉氏。此次典礼极其隆重，帝后所用的冠服、金银首饰、礼物妆奁，总计花费约550万两白银，这使得本就财政紧张的清朝经济更加一落千丈。

慈禧像

收藏于北京故宫博物院

慈禧，即孝钦显皇后，咸丰帝的妃嫔。慈禧的儿子同治帝逝世后，改立侄子载湉继位，并垂帘听政，掌控大权。甲午战争败后，以康有为、梁启超为代表的文人在光绪帝的支持下，发起了『戊戌变法』。但是慈禧怕光绪帝借机夺回统治权，于是将他囚禁，处死了谭嗣同等『戊戌六君子』。

《清穆宗载淳朝服像》

（清）佚名　收藏于北京故宫博物院

清穆宗爱新觉罗·载淳是清朝第十位皇帝，年号『同治』，也是清朝皇帝中去世年龄最小的人。同治真正亲政只有一年多，操办的事件中最著名的便是计划重修圆明园。圆明园是修建于雍正年间的大型皇家园林，咸丰十年（1860）被英法联军侵略并烧毁。同治为了供慈禧居住游玩，便下令重修大约3000间宫殿，后因财力枯竭而停修。

内政的陵夷如此，外交的情势顾日急。我们先从西面说起：哈萨克和布鲁特，都于1840年顷，降伏于俄。布哈尔、基华，以1873年沦为俄国的保护国。浩罕以1876年为俄所灭。巴达克山以1877年受英保护。其西南，则哲孟雄，当英法联军入北京之年，英人即在其境内获得铁路敷设权。缅甸更早在1826年和1851年，和英人启衅战败，先后割让土地，沿海菁华之地都尽。安南旧阮失国后，曾介教士乞援于法。后来乘新阮之衰，借暹罗之助复国，改号为越南。至1874年，法人和越南立约，认其为自主之国。我国虽不承认，法国亦置诸不理。甚至新兴的日本，亦于1879年将自明清以来受册封于中国的琉球灭掉。重大的交涉，在西北，则有1881年的《伊犁条约》。西北的门户，自此洞开了。

在西南，英国屡求派员自印度经云南入西藏探测，中国不能拒，许之。1857年，英人自印度实行派员入滇，其从印度来的人员，被人持械击阻。次年，乃在芝罘订立条约：允许滇、缅通商，并开宜昌、芜湖、温州、北海为商埠。此为西人势力侵入西南之始。至1882年，而法、越的战事起。我兵初自云南、广西入越的都不利，海军亦败。后于1885年，订立条约，承认法国并越，并许在边界上开放两处通商。英人乘机，于1885年灭缅甸，中国亦只得于明年立约承认。先是《芝罘条约》中，仍有许英人派员入藏的条款，至是，中国乘机于《缅约》中将此款取消。然及1888年，英、藏又在哲孟雄境内冲突，至1890年，中国和英人订立《藏印条约》，遂承认哲孟雄归英保护。1893年，续议条约，复订开亚东关为商埠，而藏人不肯履行，又伏下将来的祸根。

对外交涉的历次失败，至1894年中日之战而达于极点。中、日的订立条约，事在1871年。进口货物，按照海关税则完纳，税则未定的，则直百抽五，亦彼此所同。内地通商，则明定禁止。日本不想和中国合作，即打侵略的主意。至1874年，因台湾生番杀害日本漂流的人民，径自派兵前往攻击。1879年，又灭琉球。交涉屡有葛藤，而衰微不振的朝鲜，适为日本踏上大陆的第一步，遂成为中、日两国权利冲突的焦点。1894年，日人预备充足，蓄意挑衅，卒至以兵戎相见。我国战败之后，于其明年，订立《马关条约》。除承认朝鲜自主外，又割台湾和辽东半岛，赔款至二万万两。此约既定之后，俄国联合德、法，加以干涉，日人乃加索赔款三千万两，而将辽东还我。因此而引起1896年的《中俄密约》，中国许俄国将西伯利亚铁路经过黑、吉两省而达到海参崴。英人则租借威海卫，法人又租借广州湾。我国沿海业经经营的军港，就都被占据了。1895年订立《续议界务商务专条》，云南、两广开矿时，许先和法人商办。后于1897年，与英国又订立《中缅条约附款》。云南铁路，允与缅甸连接，而开放三水、梧州和江根墟。外人的势力，侵入西南益深了。

又自俄、德两国，在我国获得铁路敷设权以来，各国亦互相争夺。俄人获得卢汉铁路的敷设权。英人则要求津镇、河南到山东、九广、浦信、苏杭甬诸路。俄国则要求山海关以北铁路，由其承造。英国又捷足先得，和中国订定了承造牛庄至北京铁路的合同。英、俄旋自相协议，英认长城以北的铁路，归俄承造，俄人则承认长江流域的铁路，归英承造。英、德又自行商议，英认黄河流域的铁路归德，德认长江流域的铁路归英。凡铁路所至之处，开矿之权力亦随之。于是瓜分之论，盛极一时，而我国人亦于其时警醒了。

第三十五讲

清朝的覆亡

自西力东侵，中国人遭遇到旷古未有的变局。值旷古未有的变局，自必有非常的手段，然后足以应付之，此等手段，自非本来执掌政权的阶级所有，然则新机从何处发生呢？其一起自中等阶级，以旧有的文化为根柢的，是为戊戌维新。其二以流传于下级社会中固有的革命思想为渊源，采取西洋文化的，为辛亥革命。戊戌变法，康有为是其原动力。康有为的学问，是承袭清代经学家今文之学的余绪，而又融合佛学及宋、明理学而成的。他当甲午战前，即已上书言事。到乙未之岁，中、日议和的时候，他又联合入京会试的举人，上书主张迁都续战，因陈变法自强之计。书未得达。和议成后，他立强学会于北京，想联合士大夫，共谋救国。会被封禁，其弟子梁启超走上海，主持《时务报》旬刊，畅论变法自强之义。此报一出，风行海内，而变法维新，遂成为一时的舆论。

康有为

选自《中华名人录》 收藏于多伦多大学郑裕彤东亚图书馆

康有为，中国近代政治家、思想家，今文经学大师，是维新派的领导者。1895年，康有为和梁启超联合1300余名举人上书光绪帝，反对清政府签订的《马关条约》，史称『公车上书』。公车，因汉代曾用公家车马接送应举的人，指代入京应试的举人，出自《史记·东方朔传》。1898年，康有为等维新派通过光绪帝实施戊戌变法，103天后因慈禧太后发动『戊戌政变』即宣告结束。

德占胶州湾时，康有为又入京陈救急之计，共上书五次，只一次得达。德宗阅之，颇以为然。岁戊戌，即1898年，遂擢用有为等以谋变法。康有为以为变法的阻力，都是由于有权力的大臣，欲固其禄位之私，于是劝德宗勿去旧衙门，设新差使。但阻碍变法的，固非尽出于保存禄位之私。何况德宗和孝钦后素有嫌隙，德宗又向来无权，于是有戊戌的政变。政变以后，德宗被幽，有为走海外，立保皇党，以推翻孝钦后，扶德宗亲政相号召。然无拳无勇，复何能为？而孝钦后以欲捕康、梁不得；欲废德宗，又为公使所反对，迁怒及于外人。

而下等社会中人，身受教案切肤之痛，益以洋人之强惟在枪炮，而神力可以御枪炮之说，遂至酿成1900年间义和团之乱。其结果，八国联军入京城，德宗及孝钦后走西安。1901年的和约，赔款至四百五十兆。京城通至海口路上的炮台，尽行拆去。且许各国于其通路上驻兵。又划定使馆区域，许其自行治理、防守。而黑龙江将军又贸然向俄人启衅，致东三省尽为俄人所占。而孝钦后自回銮以后，排外变而为媚外；前此之力阻变革者，至此则变为貌行新政，以敷衍国民。满清政府至此，遂无可维持，而中国国民，乃不得不自起而谋政治的解决。

1899年，美国国务卿海约翰氏乃通牒英、俄、法、德、意、日六国，提出门户开放主义。六国都覆牒承认。1902年，英日同盟，俄国亦联合法国。后爆发1904年的日俄战争，俄国战败，割库页岛北纬五十度以南之地与日。当日俄战争时，英国乘机派兵入藏，达赖出奔。英人和班禅立约，开江孜、噶大克为商埠。中国与英人交涉无效，乃于1906年，订立《英藏续约》，承认《英藏条约》为附约。

之后国民对于清政府，遂更无希望。在庚子以前，还希冀清朝变法图强，至庚子以后，则更无此念，激烈的主张革命，平和的主张立宪，然所要改革的，不是政务而是政体了。革命的领导者孙中山先生，能承袭明季以来的民族革命思想，且能接受西方民治主义的。1885年，他即已决定颠覆清朝，创建民国。1892年在澳门立兴中会。其后漫游欧、美，复决定兼采民生主义，而三民主义，于是完成。自1892年以来，孙中山屡举革命之帜。其时所利用的武力，主要的为会党，次之则想运动防军。然防军思想多腐败，会党的思想和组织力，亦嫌其不足用，是以屡举而无成。自戊戌政变以后，中国人士赴外国留学者渐多，以地近费省之故，到日本去的尤盛。1905年，中山先生乃赴日本，将兴中会改组为同盟会。革命团体至此，始有中流以上的人士参加。革命的思潮，不久就弥漫全国了。素主保皇的康有为，在此时，则仍主张君主立宪。其弟子梁启超，是历年办报、在言论界最有权威的。初主革命，后亦改从其师的主张，在所办的《新民丛报》内，发挥其意见，和同盟会所出的《民报》，互相辩论，于是立宪、革命，成为政治上的两大潮流。清朝这时候，自己是并无主张的，于是于1906年，下诏预备立宪。1908年，下诏定实行立宪之期为九年。这一年冬天，德宗和孝钦后相继而死。德宗弟醇亲王载沣之子溥仪立。年幼，载沣摄政，性甚昏庸，其弟载洵、载涛则恣意妄为。居政府首席的庆亲王奕劻，则老耄而好贿，政局更形黑暗。人民屡请即行立宪，不许。1910 年，号称为国会预备的资政院，亦以为请，乃勉许缩短期限，于三年后设立国会。

此时的新军，其知识，已非旧时军队之比；其纪律和战斗力，自亦远较会党为强。因革命党人的热心运动，多有赞成革命的。1911 年 10 月 10 日，革命军起事于武昌，清朝不得不起用袁世凯。袁世凯亦非有诚意扶持清朝的，清人力尽势穷，遂不得不于其明年即中华民国元年（1912）二月十二日退位。沦陷了二百六十八年的中华，至此光复；且将数千年来的君主专制政体，一举而加以颠覆。

清帝退位诏书
收藏于国家博物馆
起草人为清末民初实业家、教育家张謇。袁世凯逼迫溥仪退位，当时溥仪年仅6岁，于是1912年2月12日，由隆裕皇太后颁布了《退位诏书》。从此清朝正式灭亡，封建帝制也随之结束。

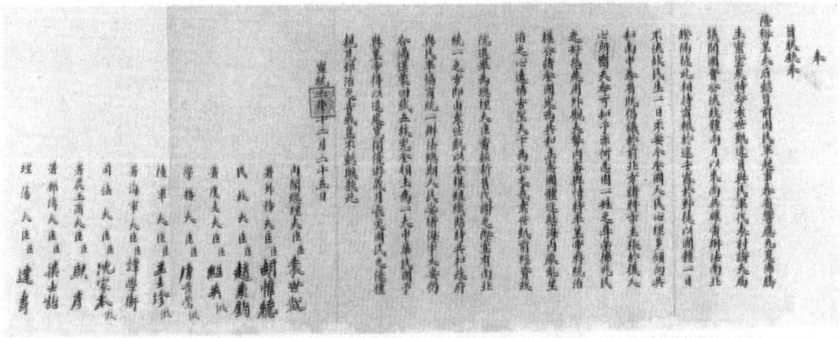

第三十六讲

革命途中的中国

民国的成立，虽说是由于人心的效顺，然以数千年来专制的积重，说真能一朝涤除净尽，自然是无此理的。而袁世凯仍有运用阴谋，图其个人野心的余地。民党当日亦知道袁世凯不足信，但为避免战祸，且急图推翻清朝，遂亦暂时加以利用。孙中山先生辞临时大总统之职，推荐袁世凯于参议院，被举为临时大总统。此时同盟会已改组为国民党，自秘密的革命团体变成公开的政党。民国二年（1913）四月八日，国会既开，国民党议员，乃欲借国会和内阁的权力，从法律上来限制袁氏。发动二次革命失败后，孙中山先生在海外组织中华革命党。而袁氏在国内，则解散国民党，召开约法会议，擅将宪法未成以前的根本大法《临时约法》修改为《中华民国约法》，世称为《新约法》，而称《临时约法》为《旧约法》。又立参议院，令其代行立法权。至民国四年（1915）底，卒有伪造民意帝制自为之举。于是护国军起于云南。贵州、两广、浙江、四川、湖南，先后响应。袁氏派兵攻击，因人心不顺，无效，乃于民国五年（1916）三月间下令将帝制取消，商请南方停战。南方要求袁氏退位，奉副总统黎元洪为大总统。事势陷于僵持。未久，袁氏逝世，黎氏代行职权，恢复《临时约法》和国会，问题乃得自然解决。

黎元洪
选自《中华名人录》 收藏于多伦多大学郑裕彤东亚图书馆
中华民国第一任副总统、第二任大总统。民国四年（1915），袁世凯复辟帝制，黎元洪表示反对。袁世凯去世后，黎元洪继任大总统，宣布恢复《临时约法》，但实权被国务总理段祺瑞掌控，形成了所谓『府院之争』的局面。

袁氏虽非忠贞，然当其未至溃败决裂时，北洋系军人，究尚有一个首领。到袁氏身败名裂之后，野心军人，就更想乘机弄权。当南方要求袁氏退位而袁氏不肯时，江苏将军就主张联合未独立各省，公议办法。民国六年（1917）二月，因德国宣布无限制潜艇战争，我国与德绝交。国务总理段祺瑞进而谋对德参战。议案被国会搁置。各省、区督军、都统，遂分呈总统和国务总理，借口反对宪法草案，要求解散国会。黎总统旋免段祺瑞之职。安徽遂首先宣告和中央脱离关系。直隶、山东、山西、河南、陕西、奉天、黑龙江、浙江、福建等省继之。黎总统无可如何，召安徽督军张勋进京共商国是。张勋至天津，迫胁黎总统解散国会而后入。七月一日，竟挟废帝溥仪在京复辟。黎总统走使馆，令副总统冯国璋代行职权，以段祺瑞为国务总理。祺瑞誓师马厂，十二日，克复京城。张勋所扶翼的清朝亡。

国会开非常会议于广州，在《临时约法》未恢复前，以大元帅任行政权，对外代表中华民国，举孙中山为大元帅。北方则召集参政院，修改选举法，另行召集新国会，举徐世昌为总统，于民国七年（1918）十月十日就职。中华民国遂成南北分裂之局。民国九年（1920）七月，北方的吴佩孚，和段祺瑞所统率的定国军作战。定国军败，段氏退职。南方亦因心力不齐，孙中山等均离粤。民国十年（1921）四月，国会再开非常会议，选举孙中山为大总统，于五月五日就职。

是时北方：曹锟为直、鲁、豫巡阅使，吴佩孚为副。王占元为两湖巡阅使，张作霖为东三省巡阅使。湖南军队进攻湖北，王占元败走。旋为吴佩孚所败，进陷岳州，亦为佩孚所败。孙中山本在广西筹备北伐。是年四月间，将大本营移至韶关。五月，北伐军入江西。六月，徐世昌辞职。曹锟等电黎元洪请复位。元洪复电，要求各巡阅使、督军先释兵柄，旋复许先行入都。此时北方各督军中，惟浙江卢永祥不肯承认黎元洪之复职为合法。民国十二年（1923）六月间，北京军、警围总统府索饷，黎元洪走天津，旋走南方。至十月，曹锟遂以贿选为大总统，于十月就职，同时公布宪法。浙江宣布与北京断绝关系，云南及东三省皆通

张作霖
选自《中华名人录》 收藏于多伦多大学郑裕彤东亚图书馆
奉系军阀首领。出身贫苦，在协助政府剿灭土匪势力后，得到重用。先后担任奉天督军、东三省巡阅使等。1924年，张作霖代表中华民国行使统治权。

电讨曹，然亦未能出兵。

民国十三年（1924）九月，江、浙战起，奉、直之战继之，直系孙传芳自福建入浙，卢永祥败走。北方则冯玉祥自称国民第一军，胡景翼、孙岳应之，称国民第二、第三军。吴佩孚方与张作霖相持于山海关，因后路被截，南走湖北。奉军入关，张作霖与冯玉祥相会，共推段祺瑞临时执政，段祺瑞邀孙中山入京，共商国是。孙中山主开国民会议，解决国是。段祺瑞不能用。后会商一直无结果。是年三月十二日，孙中山先生卒于北京。

是时北方：张作霖为东北边防督办，冯玉祥为西北边防督办。胡景翼督办河南军务善后事宜，孙岳为省长。后胡景翼卒，孙岳改为督办陕西军务事宜。卢永祥为苏、皖、赣宣抚使。民国十四年（1925）十月，孙传芳入江苏。孙军北上至徐州。十一月，吴佩孚亦起于汉口。后吴佩

段祺瑞

选自《中华名人录》 收藏于多伦多大学郑裕彤东亚图书馆

皖系军阀首领。是北洋武备学堂的第一期预备生，深受李鸿章的器重。黎元洪任中华民国第二任总统时，段祺瑞是北洋政府的实际掌权者。

孚与张作霖合攻冯玉祥，冯军撤退西北。段祺瑞出走。北方遂无复首领。大局的奠定，不得不有望于南方的北伐。

先是孙中山以民国八年（1919）十月，改中华革命党为中国国民党。民国十三年（1924）一月十二日，始开全国代表大会于广州，将大元帅府改组为国民政府。民国十四年（1925）四月，国民政府平东江。还军平定滇、桂军之叛。广西亦来附。改组政府为委员制。民国十五年（1926）一月，开全国代表第二次大会。六月，中央执行委员会召集临时会，通过迅速北伐案。七月，克长沙。九月，下汉阳、汉口，围武昌，至十月而下。十一月，平江西。冯玉祥之国民军，亦以是月入陕，十二月，达潼关。东江之国民军，先以十月入福建。明年，国民军之在湖南者北入河南，与冯玉祥之军合。在福建者入浙江。在江西者分江左、江右两军，沿江而下，合浙江之兵克南京。明年，一月，再北伐。至五月入济南，而五三惨案作。国民军绕道德州北伐。张作霖于六月三日出关，四日，至皇姑屯，遇炸死。其子张学良继任。至十二月九日，通电服从国民政府，而统一之业告成。

中国革命前途重要的问题，毕竟不在对内而在对外。外交上最大的压力，来自东北方。前清末年，曾向英、美、德、法四国借款，以改革币制及振兴东三省的实业。因革命军起，事未有成。国民政府成立以来，努力于外交的改进。废除不平等条约，已定有办法。关税业已自主。取消领事裁判权，亦已有实行之期，租借地威海卫已交还。租界亦有交还的。总之：我们今日一切问题，都在于对外而不在于对内。

我们现在所处的境界，诚极沉闷，却不可无一百二十分的自信心。我请诵近代大史学家梁任公先生所译英国大文豪拜伦的诗，以结吾书。

希腊啊！你本是平和时代的爱娇，你本是战争时代的天骄。撒芷波，歌声高，女诗人，热情好。更有那德罗士、菲波士荣光常照。此地是艺文旧垒，技术中潮。只今在否？算除却太阳光线，万般没了。

马拉顿前啊！山容缥缈。马拉顿后啊！海门环绕。如此好河山，也应有自由回照。我向那波斯军墓门凭眺。难道我为奴为隶，今生便了？不信我为奴为隶，今生便了。

卅·九·一八于孤岛